PSYCHOTHÉRAPIE PAR LE JEU

H.T. Klinkhamer-Steketée

Psychothérapie par le jeu

Traduit du néerlandais par Nicole et Daniel Toye

Quatrième édition

M A R D A G A

© Pierre Mardaga, éditeur
Hayen 11 - B-4140 Sprimont
D. 1997-0024-1

Avant-propos

Un contact prolongé, et toujours captivant, avec des enfants présentant des troubles de développement m'a permis d'y trouver un terrain de recherche fécond. Si bien qu'après vingt ans une hypothèse de travail s'élabora en méthode. Cette dernière fut confrontée avec l'expérience pratique, avec la littérature et fut soumise à l'avis de collègues et de parents d'enfants traités. Elle se consolida au fur et à mesure qu'il nous fut possible de suivre nos cas au cours de leur développement ultérieur.

Plus d'une fois, on m'a demandé de publier ma méthode et très souvent, j'ai éprouvé le besoin de rédiger un schéma de traitement. C'est pourquoi il m'a paru sage d'englober le tout dans un livre. Ainsi, de la pratique naquit ce livre destiné à la pratique.

Le traitement par le jeu est une branche jeune qui a, sans aucun doute, déjà prouvé sa valeur mais qui devra, pour progresser, subir de nouveaux développements. Dans le domaine du traitement par le jeu chez l'enfant, les pionniers sont partis du traitement d'adultes. Et, comme on peut le comprendre, leur méthode n'est jamais parvenue à s'en dégager complètement. Quoique, sans eux, nous ne serions pas aussi avancés dans cette étude, il est devenu nécessaire de chercher une méthode mieux adaptée à la nature de l'enfant.

Par ce livre, j'espère atteindre ce but et aider tout particulièrement ceux qui dans leur pratique psychologique s'occupent d'enfants névrotiques ou d'enfants présentant de graves difficultés d'adaptation.

Il me semble indispensable de considérer le traitement d'enfants par le jeu comme une spécialité et, en ce qui concerne le psychologue, comme une spécialisation à faire après la licence en psychologie, suite à un an au moins de travail de psychologie infantile sous la direction d'un spécialiste. C'est seulement à ce moment que la formation de thérapeute infantile peut être acquise.

Mise moi-même en contact avec différentes voies dans la psychothérapie pour enfants et étant ainsi parvenue à la méthodologie telle qu'elle est décrite dans le chapitre II, j'ai essayé, dans les pages qui vont suivre, d'éclairer le plus d'aspects possibles du traitement par le jeu.

Je ne me leurre pas sur le fait d'avoir été complète : c'est pourquoi je serais heureuse d'accueillir remarques et critiques.

Que ceci puisse, entre-temps, contribuer à faire croître parmi mes collègues le besoin de continuer le voyage de découverte dans le domaine du traitement psychologique des enfants et, cela, avec amour pour les enfants et compréhension pour les parents.

Introduction

Avant de passer au sujet même de cet ouvrage, j'aimerais en expliciter le but par quelques remarques.

1) Nous n'avons jamais eu l'intention de donner, par des exemples pratiques, une recette ou bien un schéma pour traiter des cas similaires. Il est bien évident que, dans une branche intuitive comme celle dont nous traitons ci-dessous, chaque thérapeute doit adapter la méthode qu'il emploie à sa personnalité. Mais il est absolument indispensable de choisir une direction, de suivre une méthode déterminée afin de pouvoir discuter ses expériences avec des collègues qui pensent différemment. Il est cependant agréable de constater que dans le développement actuel de la psychologie infantile, les diverses méthodes et hypothèses de travail des différentes écoles deviennent de plus en plus comparables.

2) Comme l'indique son titre, ce livre ne traite pas d'une thérapeutique de groupe mais du traitement, au moyen du jeu, de l'enfant pris individuellement. Le lecteur se demandera certainement pourquoi aucun chapitre n'est consacré à la thérapeutique de groupe. La réponse à cette question est simple : je n'en ai aucune expérience.

Pratiquement, il est difficile de réunir un tel groupe d'enfants présentant des troubles névrotiques, étant donné leur forte variabilité d'intérêt, la réduction de leurs facultés d'adaptation et l'intensification de leurs relations transférentielles vis-à-vis du thérapeute. La composition d'un petit groupe «maniable» à partir des enfants que nous avons à notre disposition présente donc beaucoup de difficultés. Les chances de réussite seront plus grandes avec un petit groupe d'enfants mal adaptés ou avec des adolescents présentant des problèmes de développement. Même dans ce cas, la composition du groupe exigera le plus grand soin.

3) Peut-être nous faut-il aussi expliciter davantage les termes «traitement par le jeu». Nous entendons par là : une aide psychologique apportée, par le thérapeute, à l'enfant présentant des troubles du développement caractériel par le truchement de son langage ludique. Pour ce faire, il faut toujours traiter et considérer l'enfant par rapport à son milieu. Il en résulte que le traitement par le jeu ne pourra jamais prendre la place de l'éducation, tout comme le thérapeute ne deviendra jamais un substitut des parents.

4) La bibliographie donne, pour les enfants, un pourcentage de réussites thérapeutiques se situant entre 60 et 80 : nos expériences aboutissent aux mêmes résultats.

5) Dans les premières années où je me suis occupée de traitement par le jeu, je suis partie du principe : «liberté complète pour l'enfant dans la salle de jeu sans aucune restriction». J'ai cependant dû revoir ma position et j'y fus forcée par les réactions de l'enfant lui-même. A présent, je considère comme condition essentielle de faire valoir le principe de l'autorité dans chaque contact avec l'enfant (donc aussi en thérapie) mais une autorité plus objective que celle à laquelle la plupart des enfants ont été habitués.

6) Comme d'autres l'ont fait, j'aimerais attirer l'attention sur le fait que le thérapeute qui utilise le jeu doit être à même de faire œuvre pédagogique autant qu'œuvre thérapeutique. Parfois ces deux systèmes se recouvriront mais il faudra, non seulement, tenir compte de la personnalité de l'enfant, du caractère de sa maladie, mais aussi du stade atteint par le traitement. Il est d'ailleurs impensable d'aider l'enfant dans une sphère uniquement thérapeutique : aucun traitement ne peut réussir si on ne s'est pas fixé une ligne de conduite à suivre depuis le début jusqu'à la fin. Sans celle-ci, l'enfant est incapable de réaliser lui-même une intégration plus poussée. On rencontrera encore cette conception lors de la discussion de la méthode elle-même.

7) Pour clore cette introduction, nous voudrions aussi expliciter ce que nous désirons atteindre par un traitement psychologique d'enfant. Mais avant cela, il nous faut indiquer dans quelles circonstances les expériences reprises dans ce livre furent réalisées.

Nous pratiquons le traitement par le jeu au laboratoire de Psychologie Appliquée d'Amsterdam ; c'est là que se trouve la salle de jeu décrite dans le chapitre II.

Les enfants traités dans cette salle de jeu sont d'abord soumis à un examen psychologique (mesure de l'intelligence et des tendances caractérielles) accompagné, selon la règle, d'un examen médical. Le traitement par le jeu, lorsqu'il est jugé nécessaire par le thérapeute, doit être considéré comme une continuation de l'examen psychologique. Les enfants sont alors dirigés vers la salle de jeu par le psychologue qui a conduit l'examen. Tous les cas sont donc triés, sans aucune exception, avant que ne commence le traitement.

Le but de chaque traitement est de « libérer » l'enfant, c'est à dire de le rendre à lui-même et à ses parents. La guérison de l'enfant est jugée suffisante lorsqu'il peut affronter la lutte pour la vie, surmonter les déceptions, résister aux changements et répondre de manière satisfaisante à ce qu'on attend de lui, en d'autres termes, lorsque ses facultés d'adaptation sont suffisamment développées. Ceci doit normalement s'accompagner d'une réduction de l'anxiété, d'une diminution des refoulements, d'une amélioration dans les relations sociales et d'une augmentation des performances.

Le résultat atteint dépendra de chaque cas particulier. Dans certains cas, nous n'avons obtenu qu'une disparition des symptômes, dans d'autres, nous sommes arrivés à une guérison profonde. Il va sans dire que cette dernière solution est préférable car elle sera plus effective. Cependant, on peut être amené, dans la pratique, à choisir uniquement la première solution. Dans ce cas la propension à la réapparition des mêmes difficultés ou à un déplacement de celles-ci subsistera toujours. Mais le manque de temps ou de moyens financiers, le peu de chances de réussir à changer la composition du milieu et d'autres facteurs peuvent conduire au « choix » de cette guérison partielle.

En outre, dans certains cas, il est préférable de viser d'abord la disparition du symptôme afin de gagner la confiance des parents. Ceci nous est très utile car il en résulte une collaboration plus étroite de leur part.

Il ne faut pas oublier que, dans la névrose, le patient n'abandonne pas volontiers le symptôme qu'il admet inconsciemment. De ce fait, l'attention, d'ailleurs souvent négative, obtenue jusqu'à ce moment, va décroître et, si la constitution proprement névrotique n'est pas encore changée, le patient cherchera inconsciemment une autre solution névrotique.

Il est donc indispensable que le thérapeute évalue d'abord les possibilités de l'enfant et que suivant celles-ci il se fixe un programme de travail. Ensuite, il se demandera sincèrement : « Qu'ai-je fait ? Que s'est-il réellement passé ? » En d'autres termes, « le traitement a-t-il atteint le but fixé ? »

Chapitre 1
Considérations générales

1. À QUI S'ADRESSE LE TRAITEMENT PAR LE JEU ?

Le traitement par le jeu s'adresse aux enfants qui ne parviennent pas à se développer normalement ou qui ne réussissent pas à utiliser toutes les capacités qui sont à leur disposition. Il s'applique aussi aux enfants qui présentent des difficultés anormales d'éducation. Il faut cependant poser comme condition préalable à tout traitement qu'il existe une chance sincère de guérison; ce qui signifie que l'enfant doit posséder intelligence, vitalité et capacité d'intégration en quantités suffisantes.

D'autre part, le milieu familial doit, lui aussi répondre à certains critères; il doit être collaborant et assez mûr pour être prêt à une révision éventuelle des méthodes d'éducation; il doit, en outre, être assez intelligent pour être à même, avec l'aide du thérapeute, de voir clair dans la situation ainsi que dans ses réactions personnelles.

Le milieu est donc un facteur important. Il n'est cependant pas constant car il peut se modifier en cours de traitement, parfois favorablement, parfois défavorablement.

La véritable thérapie par le jeu peut être appliquée à des enfants de 3 à 12 ans. Pour le traitement d'enfants de 12 à 18 ans, il vaudrait mieux employer les termes de «thérapie par la discussion».

C'est chez le tout petit (de 3 à 6 ans) que la thérapeutique s'applique le plus facilement et avec le plus de succès. Les enfants de 6 à 10 ans sont plus difficiles à guérir car, à ce moment, la fonction critique est éveillée et de ce fait, l'enfant comprend mieux ce qu'il livre dans son jeu. En outre, ce qu'il éprouve intérieurement disparaît à l'arrière-plan (bien que les symptômes en soient toujours visibles) et fait place à des impressions et à des faits déterminés par la réalité. Cependant, les réactions de l'enfant névrotique ne concordent pas toujours avec son âge. Cette discordance et d'autres indices permettent au thérapeute de dépister les troubles de l'enfant.

Après cette période, apparaissent la pré-puberté et la puberté. A ce moment, l'enfant, bien souvent, se rend compte ou plus encore sait intérieurement qu'il est devenu autre, qu'il est différent. Parfois même, la situation est dramatique pour lui. Dans ce cas aussi, l'extériorisation de l'enfant au cours du traitement dépend de plusieurs facteurs et notamment du stade atteint par la névrose. Nous y reviendrons plus tard.

Nous avons déjà parlé de « l'enfant névrotique ». Certains psychologues n'aiment pas ce terme. Personnellement, je ne vois aucun inconvénient à l'employer, à condition que l'on soit conscient du fait que la névrose de l'enfant est différente de celle de l'adulte puisque moins développée. Elle ne correspond donc pas du tout à la définition de Jung quand il dit « La névrose est dans son sens dernier une maladie de l'esprit qui n'a pas trouvé son sens ». Nous devons constater qu'il n'en est pas encore question dans la vie de l'enfant. Hanselmann préfère parler « d'enfants présentant des difficultés d'éducation ». Je trouve cette dénomination trop vaste et trop vague pour l'appliquer aux enfants en traitement dans une salle de jeu. Jo Veth propose dans son « Analyse du jeu » de parler « d'enfants présentant des symptômes névrotiques ». Mais, par commodité, on en arrive très vite à confondre avec « l'enfant névrotique ». Ces enfants « névrotiques » relèvent de façons diverses de la thérapie par le jeu.

Les enfants psychopathes, idiots ou imbéciles, sont intraitables selon les règles et les conceptions de ce traitement.

Les enfants difficilement éducables et les débiles sont partiellement traitables. Chez les premiers, on essayera d'enlever la superstructure névrotique et, en ce qui concerne les débiles, on abordera le traitement à un niveau plus bas que celui indiqué par leur âge réel.

D'autre part, nous n'envisagerons pas le cas des psychoses infantiles. En effet, nous en recevons relativement peu. De plus, elles nécessitent une aide psychiatrique et, en pratique, elles ne sont pas du ressort du psychologue de l'enfance.

En résumé, entrent en considération pour un traitement par le jeu :

1° l'enfant névrotique, ou si l'on préfère, l'enfant présentant des troubles névrotiques ;

2° l'enfant présentant des difficultés d'éducation à condition que ces dernières ne soient pas à base psychotique ou psychopathique.

Dans la salle de jeu, l'enfant revivra et liquidera des sentiments refoulés d'angoisse, d'insatisfaction et d'agressivité, tandis que le thérapeute s'efforcera de faire émerger puis de consolider le Moi de l'enfant, ce qui constitue une tâche importante de son travail. Il veillera, en outre, à ce que l'enfant se sente toujours pleinement accepté.

2. LES DIFFÉRENTS STADES DU DÉVELOPPEMENT DE LA NÉVROSE INFANTILE

Avant d'apparaître distinctement, la névrose infantile traverse plusieurs stades de développement. La forme du traitement, tout comme les chances d'amélioration, en dépendent étroitement. Nous rencontrons successivement :

a) La première phase dans laquelle n'apparaissent que de petites difficultés qui sont, pour la plupart, le reflet des tensions internes engendrées par le milieu familial. Nous pourrions, pour autant que l'on veuille lui donner un nom, appeler ce stade : « le prologue de la névrose ».

b) La seconde phase est celle où les tensions internes s'extériorisent. Ces tensions sont, soit celles de l'enfant lui-même, soit celles des parents (qui, pour la plupart sont refoulées). L'enfant peut, en effet, extérioriser de façon passionnelle ce que les parents ne peuvent pas ou n'osent pas montrer. Dès lors, il ne sera pas facile, pour ces parents, de réagir avec la justice et l'objectivité nécessaires. Enfants et parents entrent donc dans une situation conflictuelle latente. Il n'y a cependant pas encore de développement névrotique. C'est le « début de la névrose ».

c) Dans la troisième phase, la présence de symptômes et de fixations pénibles nécessitent l'intervention d'un expert. Nous pouvons l'appeler « la consolidation de la névrose ». L'enfant réagit de façon ambivalente. La névrose a trouvé une forme qui lui est propre, la personnalité infantile est distordue, les premiers symptômes des complexes se manifestent. Bientôt, des symptômes plus graves de développeront sur cette base.

d) Ensuite, vient la quatrième phase, celle où la névrose «fonctionne pleinement». Les réactions de l'enfant forment peu à peu un ensemble malheureux avec l'inconscient des parents. L'enfant ressent comme une délivrance le fait de pouvoir manœuvrer son entourage. On parle alors d'une sorte de processus inducteur entre la névrose des parents et celle de l'enfant. Il est compréhensible qu'à ce stade critique l'enfant ne puisse plus être aidé efficacement que par un traitement intensif. Il est tout aussi évident que c'est à cette phase que la résistance des parents au traitement de l'enfant est la plus grande : il n'est pas rare qu'ils l'interrompent précocement. C'est pourquoi il est indispensable de rendre les parents conscients de ce que la thérapie de l'enfant s'étend aussi à la problématique de son milieu et cela dès l'entretien que l'on a avec eux avant le traitement.

La névrose infantile se distingue par les facteurs suivants :
– mécanismes de défense et refoulements dans la vie affective ;
– attitude de fuite et d'opposition au milieu ;
– affaiblissement de la réalisation du Moi, souvent associée à une diminution des performances.

3. LES DIFFÉRENTES FORMES DE TRAITEMENT POSSIBLES

Nous nous sommes basés sur la classification des différentes formes de traitement établie par le Dr A.F.W. Van Meurs dans sa thèse *Constitution physique et possibilités d'adaptation chez l'enfant*.

1) Conseils plus détaillés pour l'éducation

Après l'examen, on procède, dans la salle de jeu, à quelques contacts qui nous permettent de donner un avis plus circonstancié aux parents lors des entretiens. En même temps, on essaie de leur faire prendre conscience plus profondément de leur propre situation.

2) Le traitement du milieu

Outre quelques contacts dans la salle de jeu, on procède à des contacts répétés avec les parents ou autres éducateurs de l'enfant. Cette procédure ressemble en quelque sorte à un cours d'éducation du milieu et se déroule en général très lentement. Il est souvent nécessaire d'approfondir le problème propre aux parents. Dans ce cas, on porte surtout l'accent sur l'interprétation à donner aux sentiments éprouvés et aux attitudes vis-à-vis de l'enfant. Parallèlement, on cherche une voie de rééducation. Si le problème des parents est trop autonome pour être résolu par la conversation avec le psychologue qui applique le traitement à l'enfant, on leur conseillera de suivre un traitement indépendant.

3) La thérapie par le jeu proprement dite

On peut la diviser en :

a) thérapeutique courte ne dépassant pas 6 mois;

b) thérapeutique longue.

Ces deux formes devront, dans presque tous les cas, être combinées avec un traitement du milieu.

4) Nous ajoutons à ces différentes formes de traitement *les conversations avec des pubères et des adolescents* qui doivent les aider à comprendre les problèmes psychologiques de leur âge. Sans qu'il puisse être question, dans ce cas, d'un traitement réel, on aidera l'enfant dans la découverte de son « so bin Ich » et dans son « aufklären über sichselbst » (d'après Hanselmann). On le délivrera surtout de son isolement le plus profond et de son sentiment de culpabilité éventuel. La discussion du problème et du développement de la sexualité sera une partie importante de ce programme.

Pour toutes ces formes de traitement, un contact hebdomadaire de 45 minutes à 1 heure suffit. Dans certains cas, on le réduira à 30 minutes afin d'éviter une réduction de l'intérêt — dans le cas, par exemple, de conversations avec des adolescents. On peut, par contre, être amené à prolonger ce contact. Notamment lorsque le problème se dessine nettement dans l'esprit de l'enfant occupé à extérioriser son conflit. A ce moment, il faut éviter que l'histoire racontée au moyen du jeu ne s'oublie. Dans de pareils cas, on insère parfois quelques heures supplémentaires mais on dépasse rarement 2 séances par semaine.

ORIGINES POSSIBLES DES NÉVROSES INFANTILES

Fautes manifestes dans l'éducation	*Situation difficile dans le milieu*	*Difficultés dans les relations*
L'enfant frustré	Sentiments d'insuffisance	Enfant avec semblant d'adaptation ou suradaptation
Le complexe du Pacha	Enfant souffrant de sa place dans la famille	L'enfant pseudo-autistique
		L'enfant manquant de possibilités d'identification
L'enfant qui ne peut se développer librement	Complexe de Caïn et Abel	L'enfant qu'on force à une forte identification
Sentiments d'insuffisance : spirituel, social, organique	Enfant de parents séparés	Complexe d'Oedipe
	Enfant avec semblant d'adaptation ou suradaptation	Tendances sadiques et masochistes
Troubles dans les dispositions de l'enfant lui-même	Troubles dans le développement de l'enfant lui-même	Causes traumatiques
Tendances sadiques et masochistes	Réactions régressives	Guerre
L'enfant délinquant	La névrose pubertaire	Accidents
Troubles de l'apprentissage		Hospitalisme
		Agressions
		Incendies, effractions et autres chocs
		L'enfant séparé de ses parents pendant une longue période

4. LES DIFFÉRENTES MANIFESTATIONS DE LA NÉVROSE INFANTILE

Toute classification comporte un danger de limitation ou de partialité. Cependant, lors de l'élaboration du programme de travail qu'établit le psychologue pour chaque enfant, il peut être utile de savoir dans quelle catégorie se situe tel sujet, non seulement du point de vue des symptômes présentés, mais aussi du point de vue de la genèse de la maladie. En d'autres termes, il faut tenir compte non seulement des symptômes mais aussi de la forme de la névrose. Un enfant peut, par exemple, entrer en traitement parce qu'il se ronge les ongles. On pourra vraisemblablement
— en tenant compte, bien entendu des données ultérieures de l'anamnèse
— le classer parmi les névroses provenant de frustrations. Dans certains cas il est difficile de trancher nettement : certains sujets peuvent présenter des points communs avec plusieurs groupes cités ci-après ou même en recouvrir plusieurs. On doit les comparer aux mécanismes de défense cités par Anna Freud dans son livre *Le Moi et les mécanismes de défense*.

Les divisions que nous avons faites parlent d'elles-mêmes. Nous discuterons ci-dessous les formes particulières de névrose.

L'enfant frustré

On le rencontre souvent dans les familles nombreuses, dans les familles asociales, mais aussi dans les milieux d'affaires.

Au cours du traitement, il faut un grand laps de temps avant que l'enfant ne dépasse le niveau foetal. En effet, tous ces enfants souffrent d'une grande soif d'affection qui peut se manifester par un attachement précoce et excessif au psychologue ou par une attitude résignée et soupçonneuse qui semble dire : «Je ne peux pas avoir confiance en cet adulte-là, lui aussi va me laisser tomber.» Les symptômes les plus fréquents de l'enfant frustré sont la gourmandise, les menus larcins, les fugues, l'énurésie, l'onychophagie, l'onanisme et le fait de sucer son pouce. Si ces enfants n'arrivent pas à établir une liaison avec un substitut plus âgé avant leur troisième année, le pronostic sera réservé.

Le complexe du Pacha

L'enfant a découvert, d'une façon ou d'une autre, qu'il peut mettre les autres à son service en adoptant une attitude passive et flottante. Ce comportement est souvent le résultat d'une petite enfance trop gâtée. Il s'exerce aussi bien vis-à-vis des amis de son âge que vis-à-vis des adultes. Une telle attitude est difficile à corriger car, à première vue, elle ne comporte que des avantages.

Enfants qui n'ont pu se développer conformément à leur tempérament

La famille occidentale moyenne se soucie très peu des réactions spontanées et émotionnelles des enfants. On les taxe rapidement « d'affectés » ou de « poseurs ». Sans que ces enfants présentent des symptômes caractéristiques, on les reconnaît à ce qu'ils semblent agir sous la contrainte et avoir perdu toute joie de vivre.

Sentiments d'insuffisance

Ils peuvent se présenter sur le plan intellectuel, social ou organique.

Intellectuel : Ceci concerne surtout les enfants de familles intellectuelles dont les capacités ne sont pas semblables à celles des autres enfants de ces mêmes familles, mais dont les parents attendent néanmoins les mêmes résultats. Ce type d'enfants peut réagir de façon névrotique en « travaillant » par exemple à un niveau qui leur convient mieux. Ainsi cet enfant de 16 ans qui s'est promu « chef de bande » pour forcer l'étonnement de son entourage, fût-ce de cette façon irrégulière. Il déclara d'ailleurs lui-même par la suite : « Je voulais tant, moi aussi, faire quelque chose qui sorte de l'ordinaire. »

Social : Ce sont des enfants qui pâtissent de l'ambition sociale de leurs parents. Ces derniers raisonnent comme suit : « Nous n'avons pas eu de chance dans notre jeunesse, les temps ont changé, à présent, nous exigeons de notre enfant qu'il... »

Avec ces parents il faut observer la plus grande prudence car ils adoptent facilement une attitude paranoïde vis-à-vis de tout milieu autre que le leur.

Organique : Les enfants ayant un handicap physique plus ou moins grave présentent, quasi sans exception, des sentiments d'infériorité ou une compensation de ceux-ci. Ces sentiments ne doivent pas être considérés comme inadéquats car ils sont la suite naturelle d'un état de privation. Cependant, si l'enfant ne découvre pas lui-même une solution adéquate, il est souhaitable qu'un traitement l'aide à accepter son état.

Les enfants qui souffrent de leur place dans la composition de la famille

On connaît les névroses typiques et les symptômes de l'enfant cadet, de l'enfant du centre et de l'enfant aîné. Ainsi, pour le cadet, le refus de grandir ou le désir de se hisser au niveau des parents. Dans le second cas, le fait « d'être assis entre deux chaises », de n'appartenir à rien, le fait que tout retombe sur lui. Et dans le cas de l'aîné, l'obligation d'être un exemple pour les autres, l'impression d'être écrasé par les responsabilités entraînant un sentiment de frustration. Ce n'est que lorsque ces traits se présentent de façon trop prononcée et donnent lieu à des déviations, ou lorsqu'ils sont générateurs de situations conflictuelles trop nombreuses que l'on pourra les qualifier de névrotiques. Quand ils sont moins accusés, on les considérera comme appartenant au développement normal.

Il n'existe aucune thérapie capable d'extirper les racines du mal. Tout ce que l'on peut faire c'est attirer l'attention des parents sur l'une ou l'autre chose, écouter l'enfant et s'efforcer de le réconcilier avec sa situation en lui offrant des possibilités de compensation. Il suffira parfois d'insérer quelques règlements très simples et très faciles dans la vie familiale pour satisfaire l'enfant en question. De plus l'enfant souffrant de sa position n'en considère souvent que les inconvénients. Si on insiste aussi sur les avantages, on parvient alors à alléger le problème d'une façon ou d'une autre. Mais cette dernière manœuvre est surtout employée par les parents et dans ce cas, elle prend souvent la forme d'un reproche.

Le complexe de Caïn et Abel

Cet intitulé semble limiter le problème aux relations entre frères. Il va de soi que cette lutte de prestige peut aussi se présenter entre deux sœurs et même entre enfants de sexe différent. Dans ce dernier cas, cependant, ce complexe peut être mêlé à d'autres facteurs, jalousies ou crises internes.

Dans la pratique, j'ai constaté que, dans les cas où cette attitude devient très négative, elle n'est pas seulement le fruit de l'imagination de l'enfant. Très souvent, elle est la conséquence du fait que le parti concurrent est parvenu à occuper une position privilégiée, suite à l'attitude des parents.

L'enfant de parents séparés

Parfois, les parents décident de se séparer sans disputes ouvertes ni dissensions manifestes. Pour l'enfant, le problème se concentre alors dans le fait que l'un des partis quitte la maison. Cependant, avant d'en arriver là, la mésentente est en général plus visible, et l'enfant subit une situation tendue, très angoissante, une épée de Damoclès suspendue au-dessus de sa tête. Il est préoccupé et ses prestations scolaires et autres s'en ressentent. En outre, il est ballotté, tiraillé entre les deux partis. Souvent aussi, il est impliqué dans les démêlés parentaux et reçoit une image faussée non seulement de ses parents mais aussi du mariage, et des images paternelle et maternelle. Ces enfants vivent sur du sable mouvant. Ils ont à faire face à cette frustration qu'on leur inflige ainsi qu'à des conditions de vie modifiées, souvent plus tristes : celles du parent restant. Leur petit monde s'en trouve sens dessus dessous : il n'offre plus aucune sécurité. Tout ceci peut conduire à des sentiments de haine et de vengeance contre le parti coupable à leurs yeux et, par la suite, contre tous les gens du même sexe.

Les symptômes de l'enfant perturbé par ces conditions familiales consistent en une tendance, soit à punir le parent de sa désertion, soit à essayer de le regagner. L'une et l'autre ne sont en général pas remarquées par l'entourage ou très peu.

Quand ces enfants viennent en traitement, ils établissent le contact de façon extrêmement ambivalente. Le thérapeute fera bien d'attendre une stabilisation de ce contact avant de porter un jugement sur les parents ou sur la situation familiale. Un enfant d'une dizaine d'années, dont la mère était partie, fit, en moins d'une heure de conversation, les déclarations suivantes : « Eh bien ! Mammie n'était quand même pas une vraie mère. » Un peu plus tard : « Elle a eu raison de partir, Papa la frappait. » Puis « Une mère qui fait cela n'est plus une mère. » Et pour conclure : « Je ne veux plus jamais la voir, mais si Papa se marie avec une autre femme, elle ne deviendra jamais ma mère, Mammie le restera toujours. »

Peu de couples réussissent à ramener leurs difficultés aux plus petites proportions possibles aux yeux de leurs enfants. En pratique, je n'en connais que très peu d'exemples, peut-être même pas plus d'un seul.

On peut situer les attitudes de ménages manifestement dysharmoniques sur le même plan : dans ce cas, les tensions entre les époux n'arrivent pas à un point de saturation, mais elles n'en sont que plus accablantes pour les enfants.

Suradaptation et semblant d'adaptation

L'enfant vivant dans un milieu trop coercitif craint sans cesse une perte d'amour. Il peut dès lors adopter une conduite apparemment adaptée (conduite de « semblant ») qu'il ne pourra maintenir. Des poussées passionnelles, des crises d'agressivité, etc. viendront troubler cet équilibre précaire. Cette situation est inéluctablement angoissante et culpabilisante pour l'enfant.

Ce paragraphe concerne donc l'enfant que l'on oblige à vivre selon des règles trop strictes. C'est l'enfant trop gentil, l'enfant « brave ». C'est aussi l'enfant qui s'efforce de ne pas déplaire et qui cherche des compensations sur le plan intellectuel, l'enfant qui fait toujours de son mieux, qui ne joue jamais de mauvais tours, l'enfant rapporteur, etc. On rencontre aussi cette situation chez les enfants adoptifs.

L'enfant pseudo-autiste (à ne pas confondre avec l'enfant autiste)

Il s'agit d'enfants qui, à la suite de circonstances ou d'influences précises, fuient le contact et se retirent en eux-mêmes. Chez ces sujets, la relation avec le monde extérieur devient extrêmement difficile. Les troubles se manifestent nettement à l'école et peuvent faire paraître débiles des enfants normalement constitués.

L'enfant souffrant d'un manque de possibilités d'identification

On rencontre surtout ces enfants dans les familles incomplètes : mère-célibataire, parents séparés ou décès de l'un des conjoints. C'est aussi souvent le cas des aînés qui doivent prendre la place de l'adulte manquant. Le traitement seul ne suffira pas à aider ces enfants ; il faudra leur trouver un substitut parental. Sinon, l'équilibre entre les diverses fonctions de la personnalité ne se réalisera pas et ils avanceront dans la vie comme sur une corde raide.

L'enfant dont les parents forcent l'identification

Souvent on entend les parents dire : « Ça, il le tient de moi », là même où ce n'est pas du tout le cas ; ou encore on lui serine : « Tu es un vrai... » suivi du nom de famille d'où proviendraient les défauts. Je me souviens d'une mère qui donna, lors de l'anamnèse, un portrait complètement faussé de son fils de 14 ans. Elle voulait à tout prix faire coïncider la réalité avec cette image idéale. L'enfant avait réagi par une névrose assez grave. Lorsqu'après le premier examen, nous voulûmes donner à la mère une image réelle de son fils elle nous répondit : « Oui, et cela il le tient de moi. » Inconsciemment, cette mère s'efforçait ainsi d'obtenir la préférence de son fils alors que c'était pour son père qu'il avait la plus grande admiration.

Une éducation coercitive et anxiogène présente le même danger. Quand on exige d'un enfant qu'il se conforme à un schème comportemental précis, on en fait une marionnette et, on ne peut qu'espérer une conduite de déplacement.

Ce sont des cas fréquents mais rebelles, dont les chances de succès sont minimes.

Le complexe d'Oedipe

Nous l'estimons présent (au sens large du terme) lorsque la liaison mère-fils risque de compromettre la relation époux-épouse dans l'avenir. Cette liaison peut entraîner des réactions anormales : immaturité ou aberrations sexuelles. La mère devra, dans ce cas, se soumettre elle aussi à un traitement.

On peut aussi rencontrer le cas d'une liaison trop intense entre le père et la fille. Ces deux situations rendent très difficiles les relations avec d'autres personnes et peuvent être la cause de jalousie entre frères et sœurs. Si on n'intervient pas à temps, elles peuvent provoquer ultérieurement un choix névrotique du partenaire sexuel.

Tendances sadiques et masochistes

L'exagération de ces tendances résulte souvent de l'identification à un parent. Ceux-ci ne s'entendent généralement pas au mieux et ces tendances constituent chez eux un essai de compensation. En outre, ils nourrissent souvent des sentiments de vengeance et d'insatisfaction mutuels. De ce fait, l'éloignement du milieu familial est ici la meilleure solution, ces enfants ayant généralement une structure caractérielle faible.

On rencontre ces mêmes manifestations, à un degré de gravité plus élevé, chez les enfants fondamentalement prédisposés. Ces cas sont plus difficiles à guérir par un traitement psychologique.

L'enfant délinquant névrotique

Nous touchons ici une zone frontière. Il s'agit notamment des enfants qui ne savent plus refréner leurs pulsions et qui les libèrent instantanément. Ce manque de contrôle est la conséquence, soit d'une exagération des désirs instinctifs, soit d'une régulation trop faible du sur-moi et de la conscience. Le traitement dans sa forme classique est souvent insuffisant dans ce cas. Le psychologue doit adopter ici une attitude particulière nécessitant du doigté et... beaucoup d'énergie. Il doit en effet conserver son attitude ferme comprenant des mises en garde, parfois même des menaces, jusqu'à ce que, par transfert ou pour une cause quelconque, un autre schème comportemental se soit imposé.

Une explication des causes et des conséquences peut avoir ici des résultats contraires : l'enfant peut se sentir excusé pour ses délits, ce qui fixe la situation au lieu de l'améliorer.

Troubles névrotiques de l'apprentissage

Nous avons hésité à citer ce sujet car, en général, ces cas ne viennent pas en traitement dans la salle de jeu. Ils aboutissent plutôt chez des spécialistes de l'apprentissage, soit psychologues, soit logopèdes, soit pédagogues expérimentés. Nous n'avons donc pas beaucoup d'expérience de ces cas. Nous aurions cependant été incomplets si nous ne les avions pas repris dans cette classification. Nous sommes d'autre part de plus en plus convaincus qu'un manque de concentration, des troubles du langage, des difficultés de calcul sont la conséquence d'une disposition névrotique préalable. Même si l'enfant surmonte son conflit, il doit encore, très souvent, être traité pour l'un ou l'autre trouble fonctionnel.

Réactions régressives

Chez le tout jeune enfant, une telle attitude névrotique ne se remarque pas tout de suite et ne donne pas directement suite à une consultation. Les symptômes apparaissent plus clairement chez l'enfant de 5 ou 6 ans car le décalage avec l'âge réel est alors plus accusé. On trouvera un exemple plus loin, lors de la discussion de cas. La mère s'adressa à nous en ces termes : « Je me demande ce qui se passe chez ma petite fille de 4 ans, elle a un regard tourmenté, elle a perdu sa vivacité et elle parle généralement avec une petite voix traînarde de bébé. » Jalousie vis-à-vis d'un nouveau-né, frustration, angoisse devant les conditions posées par la vie (par exemple lors de la fréquentation de l'école primaire non précédée de celle du jardin d'enfants), fuite devant la réalité pour quelque cause que ce soit, sont les motifs fréquents de réactions régressives.

Névrose pubertaire

Quand une névrose apparaît à l'âge de la puberté, on peut, dans certaines conditions, la confondre avec une psychose, du fait du grand déséquilibre qui règne généralement à cet âge. Dans ce cas, il n'est pas recommandé d'éclaircir l'inconscient ni même d'en parler ; cela n'aide pas le patient, au contraire, cela augmente ses sentiments d'angoisse. La technique de conversation qui doit être appliquée ici exige une grande souplesse de la part du thérapeute. D'une heure à l'autre, elle peut être tout à fait différente. Le programme de ces conversations comporte des éclaircissements sur les relations interpersonnelles, la construction d'une vue personnelle sur le monde, l'éducation sexuelle là où cela s'avère nécessaire.

La névrose pubertaire se manifeste souvent par le fait de ne savoir quelle attitude prendre, par la dépression psychosomatique allant parfois jusqu'au suicide, ou encore par de la névrose d'angoisse. Pour ce sujet, je vous renvoie au chapitre : « La thérapeutique des jeunes ». Je ne veux pas m'étendre davantage ici étant donné que notre sujet est le traitement des enfants.

Conséquences d'événements traumatiques

De nombreux événements violents peuvent traumatiser l'enfant :

– des faits de guerre : par exemple, voir ses parents ou d'autres personnes capturés et emmenés, des actes de violence, la chute d'un avion, etc.

– des accidents : soit que l'enfant en soit la victime, soit qu'il en soit le témoin.

– des agressions, ou la rencontre d'un exhibitionniste.

– incendies, effractions...

et tous les autres chocs qui peuvent causer une névrose chez l'enfant.

Ramenés à la surface par la thérapeutique, ces différents traumatismes se résolvent en général facilement dans le jeu.

Comme le montrera l'analyse de cas (III) dont on traitera sous le chapitre IV, une extériorisation répétée du même récit est la condition nécessaire pour que l'enfant soit définitivement délivré de son angoisse.

Il nous est impossible d'énumérer tous les événements susceptibles de traumatiser l'enfant. Nous voudrions cependant en citer deux : l'hospitalisme et l'absence des parents.

L'hospitalisme. Cette névrose est d'origine traumatique et elle peut disparaître sans l'intervention d'une aide extérieure. Mais une fixation peut s'opérer suite à un séjour à l'hôpital mal préparé et simultanément à d'autres expériences négatives. Apparaissent alors une peur du docteur, une peur de la mort, de la haine contre les parents qui permirent tout cela sans l'aider, un comportement difficile, de l'hypocondrie, de l'onanisme, de l'énurésie, de l'instabilité ou d'autres symptômes pour lesquels l'enfant doit entrer en traitement.

L'enfant séparé d'un de ses parents ou des deux pendant une longue période. Ces cas font penser aux enfants de famille incomplète. Ils forment cependant un groupe à part. Le pronostic en est moins grave étant donné que la situation n'est que transitoire. Cependant, cette situation peut être plus soudaine et par conséquent plus traumatisante. On a vu beaucoup de névroses de ce genre pendant la guerre. Anna Freud les décrivit sous le terme de «Lösungsneurosen». Les suites néfastes de la séparation peuvent persister, même après la refonte des liens brisés.

On peut ranger ici les enfant dont les parents séjournent à l'étranger, tout comme les enfants qui, pour des motifs de santé, doivent effectuer de longs séjours en sanatorium ou en colonies de vacances. On maintient parfois la séparation au cours du traitement : cela dépend de la gravité des symptômes et de la maniabilité du milieu de remplacement. On constate en effet qu'un trop grand protectionnisme de la maison parentale contribue à l'apparition d'une telle névrose.

Chapitre 2
Application du traitement

1. LA SALLE DE JEU ET SON ÉQUIPEMENT

La salle doit être grande et ne doit pas être trop belle car son aspect extérieur doit déjà suggérer à l'enfant qu'il est complètement libre, qu'il peut s'y extérioriser, qu'il peut courir, trépigner, exécuter des tours de gymnastique, etc. L'ameublement doit être sobre et réduit, ce qui ne veut pas dire qu'il ne faut pas créer une certaine atmosphère car l'enfant, et surtout l'enfant névrotique, y est très sensible.

Comme meubles, nous indiquons :
– une armoire à jouets ouverte, où l'enfant voit les jouets.
– un coin pour s'asseoir, comprenant une petite table, deux ou trois petits clubs confortables et un petit banc. On pourra y tenir une conversation avec des adultes, éventuellement les parents, ainsi qu'avec de petits enfants.
– une grande table de travail pour peindre, modeler, etc.
– une banquette ou un divan qui sera bien souvent utile : en premier lieu, pour s'y asseoir avec l'enfant, ce qui crée une situation de confiance, pour y jouer ensemble, à la poupée ou à la dînette par exemple, mais aussi pour tout simplement parler; en second lieu, il pourra servir pour les petits jeux régressifs : l'enfant pourra y être un bébé, un enfant ma-

lade, etc. En outre, l'enfant pourra y faire jouer les mêmes rôles par le psychologue.

– le bureau du psychologue qui n'est pas accessible à l'enfant, sauf rares exceptions.

Nous conseillons comme jouets absolument indispensables au traitement :

– un bac à sable : de préférence assez grand pour que l'enfant puisse s'y asseoir. Si cela n'est pas possible pour des raisons pratiques, un bac à sable en zinc avec des bords relevés peut suffire.

– un bassin que l'on peut remplir d'eau et où l'enfant peut barboter, faire glisser des petits bateaux, etc. On veillera à aménager les abords immédiats de cette petite piscine pour éviter que les barbotages et les éclaboussures ne causent des dégâts (par exemple, recouvrir les murs de faïence et le sol de toile cirée ou de carrelage).

On prévoira aussi un tuyau pour amener l'eau du bassin au bac à sable, ainsi que différentes sortes de petits bateaux et poupées. De même, on trouvera une pelle, un petit seau, des petites formes et quelques cuillers dans le bac à sable.

Tant pour des raisons pratiques que pour éviter un sentiment de dévalorisation chez les enfants plus âgés, il est préférable que ce coin, dans lequel le sujet peut s'adonner en pleine liberté à des jeux très enfantins, soit séparé de la salle de jeu proprement dite.

Également séparée de la salle de jeu, on trouve une cible faite d'un grand morceau de bois placé contre le mur. Elle figure toute une famille : père, mère, fils et fille, accompagnés éventuellement d'attributs, sur laquelle l'enfant peut jeter des fléchettes. A côté, il y a des soldats de plomb, des tanks, de petits avions, un fusil et un revolver à eau. Tout ce matériel est destiné à libérer l'agressivité. Pour les plus petits, on peut remplacer les fléchettes par un marteau.

Il faut aussi prévoir les masques, derrière lesquels l'enfant peut se transformer en sorcière, en loup, en bébé, etc. L'enfant peut les fabriquer lui-même, ce qui les rend très significatifs car il y exprime son propre inconscient.

On trouvera encore des poupées et surtout une poupée-bébé avec son petit lit, sa voiturette et une petite chaise à sa taille.

Nous considérons qu'une grande maison de poupée est également indispensable, notamment pour exprimer les situations de milieu. Elle comprendra différentes salles, reliées entre elles, et, si possible, munies d'électricité afin d'attirer aussi les garçons qui jugent souvent la maison de poupée en dessous de leur dignité. Les petites poupées que l'on peut mettre dans toutes les positions sont celles qui conviennent le mieux. On prévoira aussi une petite classe avec tableau et bancs pour les poupées. Un grand tableau et de la craie contribueront aussi à extérioriser les situations scolaires et même éventuellement les angoisses relatives à l'école.

Un théâtre de marionnettes et tout un assortiment de poupées répondent aux mêmes buts que la maison de poupées mais ils donnent au jeu une forme plus symbolique : le roi et la reine représentent le plus souvent les parents tandis que le diable, le bouffon peuvent figurer les différentes facettes de la personnalité de l'enfant.

Dans la salle de jeu, nous trouvons encore des modèles réduits d'autos et de voiturettes, des agents de police, éventuellement un train, une maison, des arbres, des clôtures mobiles, des grilles, des haies et surtout des animaux avec leur gardien.

Un biberon se trouve toujours à portée de main ainsi qu'un jeu de téléphone.

Comme matériel de dessin, nous conseillons le charbon de bois, des crayons de couleur, des craies de couleur, de la gouache à étendre au pinceau ou avec les doigts pour laquelle on emploiera de grandes feuilles de papier. L'argile et la plasticine peuvent également servir comme matériel d'expression.

Il faut prévoir du matériel de bricolage mais il faut éviter que l'enfant se laisse absorber dans les complications de son travail car alors il ne lui reste ni le désir, ni le temps de parler. On peut choisir entre une boîte d'électricité, une scie à découper, du matériel pour coudre ou pour coller, etc.

Les boîtes de construction sont souvent utilisées au début du traitement pour fuir le contact avec le thérapeute. En fin de traitement, elles servent vraiment à construire, tout comme le jeu du village qui a, en outre, une valeur diagnostique. Les jeux ordinaires tels que dominos, ping-pong, billard de table, etc. ferment la liste.

2. LE JEU NÉVROTIQUE

Le jeu névrotique se distingue du jeu normal comme le rêve névrotique se distingue du rêve normal. La psychothérapie de l'adulte utilise le contenu des rêves. Nous pouvons faire de même et analyser le contenu du jeu de l'enfant, mais dans ce cas, la forme du traitement devra être toute différente.

La littérature traitant de psychologie développementale et de psychologie des profondeurs nous fournit des conceptions très divergentes du jeu de l'enfant, mis à part le jeu névrotique. Le Dr. J. Veth en donne un tableau clair dans son ouvrage sur *L'analyse du jeu*.

Chaque «théorie du jeu» n'illustre qu'une seule facette. En effet, le jeu est une activité si intéressante et si complexe qu'il n'est pas possible de n'en tirer qu'une seule conclusion, de ne lui donner qu'un nom. Ainsi Spencer considère le jeu comme le résultat d'un «excédent de force», J. Schaller et M. Lazarre le voient comme «un moyen de se restaurer», S. Hall éclaire surtout les «manifestations ataviques» du jeu, K. Cross le considère «comme un exercice préparatoire à la vie future», K. Bühler insiste surtout sur le besoin d'agir et Madame Montessori le considère comme un «testimonium paupertatis». D'après elle, l'enfant ne jouerait que lorsqu'il n'a rien de mieux à faire et il montre ainsi qu'il ne veut pas se développer. Froebel, par contre, voit le jeu comme le bien le plus précieux de l'enfant. Son point de vue rejoint celui de la psychologie des profondeurs pour laquelle «le jeu est l'expression pure de la vie intérieure car il est provoqué par un besoin et une nécessité de cette vie intérieure elle-même».

Après ce court aperçu sur le jeu, nous voudrions approfondir la notion de jeu dans le traitement par le jeu. Différentes questions retiendront notre attention : quels sont les symboles ludiques qui apparaissent, quels sont les différents stades du traitement, y a-t-il une correspondance entre ces stades et les manifestations ludiques de l'enfant, le jeu subit-il un certain développement et peut-on y lire la guérison?

Le jeu est un langage inconscient de l'enfant : le jeu de l'enfant qui ne «peut» pas ou qui ne «sait» pas extérioriser ce qui se passe en lui n'a pas de forme. Il ne faut cependant pas perdre de vue que le jeu névrotique, à la différence du jeu normal, est travesti et déguisé en symboles, ce qui ne veut pas dire qu'on ne trouve pas de symboles dans le jeu sain.

Il arrive très souvent que des parents amènent leur enfant en traitement parce qu'il ne « sait pas jouer » et que cet enfant, après quelque temps, manifeste un trésor d'extériorisation ludique dans la salle de jeu.

Une autre caractéristique du jeu névrotique est qu'il est souvent fractionné et disparate. Ce qui n'est pas étonnant quand on le compare avec la vie intérieure de l'enfant névrotique.

En outre, un jeu névrotique est souvent brisé par l'angoisse. Il lui manque souvent une fin, ce qui s'explique par le fait que l'enfant lui-même n'a pas encore trouvé une solution à ses problèmes.

Le jeu névrotique est cathartique et se situe, soit au-dessus, soit en dessous du niveau d'âge réel de l'enfant. Il peut aussi être statique, symbolique, confus, désintégré et quelquefois pauvre en contenu. Le Dr A.A. Vermeer dans son livre *Le jeu et les problèmes diagnostiques du jeu* insiste magistralement sur le fait que « la défense contre le jeu représentatif tout comme la rupture brusque du sujet sont des indications de difficultés ». En effet, l'enfant n'ose pas continuer à jouer car il craint ses propres symboles ludiques. Un peu plus loin, l'auteur nous fait remarquer que « le leader du jeu devra rester conscient des limites de l'enfant. Elles subsistent même dans ce cadre de grande liberté car l'enfant ressent sa responsabilité vis-à-vis de la situation de jeu. Il a donc besoin de l'aide du leader et principalement dans les jeux problématiques. »

L'expression ludique et le caractère de l'enfant normal se modifient au cours des différentes phases de sa vie mentale. Toutes proportions gardées, c'est chez le petit enfant et chez l'adolescent que les images expressives sont les plus symboliques, et c'est en période de latence qu'elles le sont le moins.

Quand un enfant passe du jeu névrotique au jeu normal grâce à un traitement par le jeu, on peut voir comment l'expression ludique devient concrète et réaliste et comment le jeu, de confus et désintégré, devient continu et compréhensible.

L'enfant se projette continuellement dans son jeu comme il se projette dans les tests projectifs (Rorschach, C.A.T, Jackson, Düss, Koch, Staabs, etc.) mais cette projection ne se fera que s'il est arrivé au stade où il lui est possible de s'extérioriser, ce que nous démontrerons plus loin.

Au cours du traitement, on remarque que l'enfant répète le jeu qu'il ressent comme important. C'est qu'en le revivant, il atténue les effets de son conflit interne. C'est une manifestation caractéristique dans le jeu de l'enfant; elle constitue un point de repère dans le développement du traitement. En effet, le symbolisme du jeu peut dévier lors des différentes répétitions et le même symbole peut dès lors glisser vers d'autres significations.

Il m'apparaît justifié de fixer encore une fois ce que nous entendons, dans ce livre, par «jeu». C'est, dans le sens étroit : «la restitution d'un contenu de la vie au moyen du jeu», dans le sens large : «la façon dont l'enfant s'occupe dans la salle de jeu», c'est donc aussi le modelage dans le bac à sable, le fait de courir d'un bout à l'autre de la salle, le fait de jouer aux dominos ou de faire du bricolage.

En outre, l'expression dans le jeu a déjà un effet libérateur.

Dans la plupart des cas, on peut suivre la lente guérison de l'enfant grâce aux transformations de son jeu : l'occupation informelle et vide, le tripotage évoluent en un jeu à contenu significatif qui remplit une fonction. Ce jeu se transforme en «jeu de rôle» qui, lorsque l'enfant en sera rassasié, sera lui-même remplacé par une activité de travail. On voit alors apparaître une tendance à mesurer ses propres forces à celles des autres, représentées ici par le thérapeute.

Le développement du jeu névrotique en jeu normal se fait donc plus ou moins en voie directe, interrompue par des fixations ou des rechutes plus ou moins longues selon les enfants.

Un enfant, par exemple, lors de son entrée dans la salle de jeu, ne veut pas ou ne peut pas extérioriser son agressivité. Il va ignorer les fléchettes et tout matériel agressif; cela ne l'empêchera pas d'être peut-être possédé par ce matériel à la phase suivante.

Certains enfants ne laissent pas tout de suite apparaître un jeu confus et sans forme. Ils doivent d'abord abandonner une attitude fausse comme, par exemple, ranger gentiment la salle de jeu ou livrer d'autres prestations qui n'ont aucun sens pour la nature enfantine si ce n'est qu'elles manifestent un désir d'affection et d'admiration.

Le jeu se transforme donc au cours du traitement. Son évolution au cours d'une seule et même heure de traitement est aussi très significative : une inoccupation passive et sans caractère peut être suivie d'une décharge violente, une attitude régressive comme jouer au bébé ou sucer un biberon peut évoluer en une explosion d'agressivité, etc. Inversement, l'enfant peut « construire » des explosions du même type pour tester le climat dans lequel il se trouve. L'enfant névrotique respecte souvent un certain cérémonial dans son jeu. Parfois, cela l'aide à retrouver le fil conducteur du jeu de la semaine précédente.

La gradation positive ou négative dans le jeu nous donne une indication sur l'état psychique du moment et sur la force du Moi. Le thérapeute ne doit donc pas trop stimuler l'enfant sinon la relation risque de se dégrader. L'enfant doit accéder à certaines formes d'expression par ses propres forces. Naturellement, le thérapeute aidera l'enfant à franchir certaines barrières, à surmonter certaines défenses mais en veillant toujours à ne pas l'influencer. Ainsi, par exemple, un garçon désire jouer avec les poupées mais il trouve que ce n'est pas de son âge et que cela ne convient pas à son statut de garçon. Une remarque bien présentée peut vaincre sa résistance : on peut lui dire, par exemple, que beaucoup de garçons jouent avec ces poupées et que parfois ils sont encore plus âgés que lui.

Chaque symbole ludique a une signification propre à chaque enfant, mais il existe aussi des « symboles-standard » dont on peut tirer des conclusions générales. Sans en donner une liste exhaustive, nous voudrions en indiquer quelques-uns.

Le barbotage et le barbouillage sans aucune représentation avec de l'eau, du sable, de l'argile ou de la couleur peuvent signifier soit une libération de l'inconscient réprimé, soit un test de la liberté d'expression, soit une préparation à une mise en forme éventuelle.

La destruction par l'enfant de son propre travail traduit le plus souvent un doute de soi profondément enraciné. C'est aussi un moyen d'évaluer le degré de valorisation que lui accorde l'adulte, c'est à dire le thérapeute.

Le fait de jouer un incendie, de dessiner ou de peindre du feu nous annonce toujours une crise imminente ou une reviviscence d'un conflit intérieur.

Le fait de mettre les jouets sens dessus dessous, de vider le théâtre de ses marionnettes, de ne pas remettre en ordre, laisse supposer un état chaotique dont l'enfant ne sait que faire. C'est souvent l'introduction à une exposition de soi.

Un pas plus loin, nous trouvons une nouvelle élaboration du jeu : l'enfant semble recommencer à zéro. Quand un enfant ferme les fenêtres, met lui-même les rideaux au théâtre de marionnettes, éteint les lumières, laisse sonner sans répondre, on peut penser qu'il a peur du contact et le thérapeute doit lui laisser le temps de se sentir en confiance. Le fait de laisser sonner peut aussi être le reflet de la frustration que subit l'enfant dans son besoin de contact. Cela peut aussi conduire à l'autisme, comme le montre parfois l'évolution du traitement.

La représentation d'un voleur ou d'un cambrioleur indique un manque de sécurité ou la pulsion à commettre une attaque ou des dégâts. Mais c'est l'atmosphère d'angoisse qui accompagne éventuellement ce jeu qui est particulièrement significative.

Les maladies, les accidents, les décès peuvent exprimer l'angoisse ou les souhaits inconscients de l'enfant. Ils peuvent être l'expression d'un manque de force, de vitalité ou d'estime que l'enfant projette dans une figure ludique consciente. Ainsi, cette enfant qui, dès le début du traitement, pose la poupée-mère sur le divan en disant : «Les femmes sont vite fatiguées de tout.» Elle traduisait ainsi sa vision de sa propre mère, une femme-enfant ne prenant jamais d'initiative et qui semble complètement inerte intellectuellement, bien qu'elle ne soit jamais réellement malade.

Le fait de bâtir est une activité constructive qui peut présenter différents stades. Ainsi l'enfant peut construire dans le but de démolir. Cela peut être une forteresse, une construction en cercle fermé par laquelle l'enfant consolide son repli sur lui-même. Les clôtures et les ponts-levis vont dans le même sens. Les dessins du même genre montrent parfois une évolution intéressante.

Le jeu du docteur, le jeu de W.C., la représentation de symboles phalliques indique une problématique sexuelle. Ces représentations peuvent traduire un véritable problème sexuel mais elles peuvent aussi vouloir dire que l'enfant s'occupe incidemment de questions concernant la sexualité.

Nous avons vu la signification du jeu informel avec de l'eau et du sable. L'enfant peut nous fournir d'autres symboles avec ces mêmes éléments. Les naufrages, les tempêtes et les inondations sont des signes d'angoisse, d'inquiétude, d'une tendance à dépasser ses limites. Certains enfants utilisent le tuyau d'arrosage pour faire bouillonner de l'eau sous le sable. Ils provoquent ainsi une rivière ou un lac qu'ils s'amusent ensuite à endiguer. Souvent, un second jeu apparaît : l'enfant construit tout un système hydrographique dans le sable et il laisse couler l'eau selon ce plan. L'un et l'autre jeu sont à rapprocher de la régulation interne de l'enfant.

Le fait de noyer des poupées ou d'autres objets peut indiquer des tendances destructrices, un désir de liquider les figures en question. Quand ce jeu est moins formel et consiste simplement à jeter de l'eau, il peut être un symptôme d'une tendance primitive ou d'un stade primitif.

Le jet d'eau donne à l'enfant une certaine impression de puissance. Cette symbolique acquiert une signification particulière chez les enfants qui souffrent d'énurésie ou qui ont des tendances pyromanes.

Le fait d'enterrer quelque chose dans le bac à sable peut avoir une signification double : écarter temporairement un problème ou le « vider », l'annuler, comme un point d'interrogation placé à la fin d'une phrase.

La plupart des représentations symboliques avec les poupées sont claires. Les enfants qui s'identifient à une poupée sont en général ceux qui témoignent le plus de tendresse : ils compensent ainsi ce qui leur a manqué. Ils intercalent souvent un autre jeu où ils se situent entre le thérapeute et eux-mêmes : ils remplissent ainsi alternativement le rôle du donneur et du bénéficiaire.

3. LA MÉTHODE DE TRAITEMENT

Comme je l'ai dit en introduction, les différentes méthodes de traitement tendent à se ressembler de plus en plus. Il serait cependant faux de croire que les différences sont négligeables.

Certains experts préconisent le travail en équipe où figurent le plus souvent un psychiatre et une assistante sociale. Pour eux, les conversations avec les parents et le contact avec les enfants ne peuvent être faits par une seule et même personne. Incontestablement, cette division du travail offre certains avantages.

L'autre méthode préfère confier tout le travail à une seule personne. Contrairement à ce que l'on pourrait croire, cette conception présente très peu de désavantages si l'on travaille avec tact et prudence. Elle a en outre le grand avantage de contenter les parents. En effet, elle leur donne le sentiment qu'ils collaborent à tout ce qu'on fait, l'impression qu'ils connaissent la personne qui s'occupe de leur enfant. On obtient ainsi beaucoup plus facilement leur confiance et leur collaboration.

Évidemment cette méthode exige beaucoup plus d'efforts de la part du thérapeute, il ne peut jamais rejeter une responsabilité ni l'imputer à quelqu'un d'autre, mais elle lui procure aussi la satisfaction d'être toujours au courant de tout ce qui se passe et de ne jamais être contrecarré dans son travail.

Cependant, quand on utilise cette méthode, on court le risque de voir les parents «se couper» devant les enfants. Dans ce cas, l'enfant se sent trompé et a l'impression qu'on a trahi sa confiance. Mais l'expérience m'a appris que même un enfant névrotique supporte assez bien un tel choc. Si le thérapeute sait donner à l'enfant l'impression qu'il veut réellement l'aider, ce reproche ne subsiste que dans la théorie.

Mais le thérapeute qui travaille seul doit faire face à une autre difficulté beaucoup plus réelle : il doit consacrer beaucoup de temps à l'école et à la famille au détriment de la thérapie proprement dite. Il peut remédier à cet inconvénient en sacrifiant quelques heures de jeu pour faire ces visites.

La façon dont le thérapeute organise son travail et la manière dont il établit la collaboration dépendent évidemment de sa personnalité. Une bonne solution consiste à travailler en équipe avec un collègue du sexe opposé qui utilise sensiblement la même méthode. On peut ainsi confier l'enfant soit à un homme, soit à une femme selon le problème présenté. Ceci est très intéressant car, dans certains cas, le rôle joué par le sexe de celui qui s'occupe de l'enfant peut être extrêmement important.

Exceptionnellement, il peut être souhaitable, parfois même nécessaire, de passer un enfant à un collègue à une phase précise du traitement. Je pense à l'exemple suivant : une thérapeute féminine a rétabli et régularisé l'attachement à la mère ; il est dès lors nécessaire d'accentuer l'identification à une figure paternelle. Même si le milieu se prête à ce renforcement d'identification, il est toujours préférable de préparer ce changement dans une situation thérapeutique. A fortiori lorsque la famille n'offre pas une telle possibilité. Dans ce dernier cas, on ne laissera «partir» l'enfant que lorsqu'il pourra donner suite à cette identification.

En conclusion, je ne voudrais pas affirmer que le traitement par une seule et même personne est le seul valable, mais je voudrais combattre l'idée que le traitement des parents et des enfants doit «toujours» être fait par des personnes différentes.

Je partage l'avis d'Anne-Marie Dürssen lorsqu'elle nous dit à la page 170 de son livre sur *La psychothérapie des enfants et des jeunes* : «Je ne considère pas que l'équipe de travail soit un succédané valable de la relation privilégiée que peut établir un seul et même thérapeute avec à la fois la mère et l'enfant. Bien au contraire, le fractionnement des tâches gaspille très souvent de sérieuses chances de succès. En effet, on n'exploite pas la double fonction d'harmonisation et d'accommodation et on laisse ainsi s'échapper une foule de possibilités d'actions. Je ne crois pas qu'un psychanalyste d'enfant accepterait que quelqu'un d'autre se charge des entretiens avec les parents.»

Je voudrais encore citer trois situations où la division du travail pourrait paraître plus souhaitable.

1) Lorsque le thérapeute par le jeu n'arrive pas à établir le contact avec les parents. On introduit alors un thérapeute d'adulte qui s'occupera uniquement des parents. En effet, la thérapie d'adulte forme un tout, essentiellement différent des techniques utilisées dans le traitement des enfants.

2) Quand les parents semblent avoir besoin d'une instance particulière pour les conseiller. Ce sont les parents qui se rejettent mutuellement la faute et qui se plaignent mutuellement de leur conjoint. Ce sont aussi ceux qui se méfient tellement l'un de l'autre qu'ils ne veulent pas parler avec la même personne.

3) Lors de certaines thérapies d'enfants plus âgés, lorsque l'enfant est encore très méfiant. L'enfant sait que le thérapeute bavarde aussi avec ses parents. Il se méfie et il essaie de savoir ce qui a été dit en bombardant le thérapeute de questions. Par ailleurs, il passe sous silence certains sujets confidentiels.

Dans ces trois exemples, le fractionnement des tâches semble être la meilleure solution. Je considère cependant que ce sont trois exceptions à la règle.

Le traitement d'enfants exige beaucoup de souplesse dans le maniement de la relation. Le thérapeute doit adhérer à une tendance théorique mais il doit se montrer très large d'idées. La méthode analytique, telle qu'elle fut décrite par Anna Freud, constitue la base de cette méthodologie récente et elle sous-tend ses principes fondamentaux. Anna Freud, mieux que Mélanie Klein, a su adapter les formes de traitement à l'enfant. Elle ne les considère plus comme des adultes en réduction et elle ne les compare donc plus à ceux-ci. Pour elle, l'enfant ne peut être dissocié de la famille dont il provient et dans laquelle il vit. Dans tout traitement, on a affaire à la fois avec l'enfant et avec son milieu. Tout traitement d'enfant est donc en même temps un traitement du milieu. C'est le principe essentiel que Mélanie Klein néglige dans son système. On peut dès lors considérer l'enfant comme un instrument d'action sur le milieu, comme un moyen d'agir sur les parents.

Anna Freud considère qu'il n'y a pas de véritable transfert dans une thérapie d'enfants. Mais, en fait, elle s'efforce d'établir ce transfert en essayant systématiquement de s'attacher l'enfant. Cette recherche, ainsi que son influence pédagogique, diffèrent beaucoup de l'attitude de Mélanie Klein. Ces discussions sur la présence ou l'absence d'un véritable transfert proviennent de la référence aux règles de la thérapie d'adulte.

En ce qui nous concerne, nous retiendrons surtout la description de l'attitude du psychologue. Il doit s'efforcer de mettre l'enfant à l'aise et de gagner petit à petit sa confiance. Pour cela, il lui témoignera de l'intérêt, se montrera cordial et attentif tout en restant toujours objectif. Il évitera surtout de censurer ou de critiquer. De ce climat de confiance dépend souvent la réussite ou l'échec de la thérapie.

Jo Veth, en réponse à Anna Freud, considère que c'est une influence trop pédagogique qui empêche l'enfant de fixer son transfert sur le psychologue : l'enfant n'ose plus transférer ses sentiments sur le psychologue par crainte de ses critiques. Dans ses publications plus tardives, Anna Freud semble d'ailleurs avoir modifié son point de vue dans ce sens.

Afin de prévenir tout malentendu, nous tenons à signaler que, dans ce livre, nous accordons au mot «transfert» son sens le plus large de «relation avec le psychologue». Le psychologue doit donc avoir atteint un degré suffisant «d'accord interne» pour manier et vivre consciemment ses propres relations. Il doit, en outre, être capable d'analyser constamment «la polarisation» de ses rapports avec l'enfant et son milieu. Quant à la relation, elle s'établit à partir de l'enfant et vers l'enfant. Elle doit d'abord s'installer, puis, dans un second temps, se développer pour ensuite se relâcher dans la mesure où l'enfant réussit à assumer ses problèmes. Il peut ainsi apprendre à voler de ses propres ailes tout en sachant qu'il pourra toujours compter sur l'aide et l'intérêt du psychologue. Ceci est aussi valable pour la relation avec les parents.

Nous nous sommes un peu écartée de notre sujet à propos du transfert. Nous revenons à présent à notre but, qui est de suivre le développement de notre méthode. Elle fut influencée par la conception de Francis Wickes. Celle-ci eut le grand mérite de nous faire percevoir les répercussions de la vie inconsciente des parents sur le développement de l'enfant. D'après elle, on retrouve cette influence dans la symbolique du jeu névrotique, la problématique des parents formant un complexe avec l'inconscient de l'enfant. Notre traitement acquit ainsi plus de sens et plus de profondeur. Nous fûmes de plus en plus convaincue d'être dans la bonne voie pour aider l'enfant et comprendre son petit monde. Nous estimons, en outre, que son interprétation jungienne des productions symboliques est plus acceptable que celle de l'école freudienne, bien que nous ne puissions nier la vie pulsionnelle du petit enfant.

Nous avons ensuite adjoint à notre méthode la thérapie non directive telle que l'a décrite Virginia Axline dans son livre *Playtherapy*. Nous l'avons insérée au stade où le thérapeute ne veut pas encore se prononcer au sujet de l'enfant. En adoptant cette attitude de reflet, il permet à l'enfant de progresser prudemment dans la voie des «confessions» et des «découvertes». En effet, se voyant comme dans un miroir, l'enfant peut mieux prendre conscience de ses conflits internes. Nous devons encore mentionner Frederich Allen dont la méthode reprend la *relationship-therapy*. Pour lui, le traitement de l'enfant ne constitue que la moitié de la tâche, le travail avec les parents en est la seconde, souvent la plus importante. «Soyez attentifs, dit-il, à ne pas induire la névrose des enfants chez les parents car ceux-ci se sentent déjà disqualifiés par le seul fait que leur enfant doive suivre un traitement.

«Le psychologue doit aussi prendre garde à ne pas s'insérer entre les parents et l'enfant. En effet, profondément insatisfait de la relation établie avec les parents, l'enfant est à l'affût de nouveaux liens plus satisfaisants. Tout dépend ici de la capacité d'intégrations consciente et objective du psychologue. Il doit être capable de prévoir jusqu'où il pourra maîtriser le traitement.»

Avant de décrire davantage ma propre méthode, il me semble nécessaire d'envisager de plus près celle de Francis Wickes. Il est très difficile d'insérer sa théorie dans un schéma bien défini. Nous pensons qu'il est de ce fait préférable d'y relever quelques remarques d'application immédiate dans la salle de jeu.

Comme Jung, elle s'efforce de «découvrir l'inconscient en analysant les symboles». Son approche ressemble à celle d'un archéologue recherchant une ville enfouie. Elle ajoute que l'inconscient n'est pas un entrepôt quelconque mais une force vivante qui tend à s'imposer.

Quant à nous, nous envisagerons l'inconscient collectif comme une technique thérapeutique nous permettant de mieux approcher la vie sentimentale de l'enfant et de mieux la comprendre. Il ne s'agit donc pas de le faire reconnaître par l'enfant ou par ses parents.

L'enfant poursuit son processus de croissance vers l'individuation et l'état adulte en suivant des voies diverses telles que la projection et l'identification au milieu ambiant, l'établissement de liens avec ses parents. Mais pour atteindre l'état adulte, il devra se libérer de ces tendances inconscientes. Il devra aussi cesser de s'identifier aux idées collectives et aux formules toutes faites. Cette accession lente à la liberté intellectuelle complète s'accompagne nécessairement d'un accroissement de la pensée consciente : l'enfant doit se définir un mode de vie personnel très différent de la simple identification à des conceptions collectives. Mais, comme le dit F. Wickes, il ne s'agit pas d'une opposition au collectif. Ce n'est pas un stade que l'enfant va atteindre d'un seul coup : c'est un processus qui évolue et qui se réalise sans cesse.

Si nous voulons connaître l'enfant, nous devons d'abord nous connaître nous-mêmes. La traduction de l'inconscient de l'enfant exige la connaissance et l'acceptation de notre propre inconscient. Le traitement d'enfants difficiles exige donc une auto-analyse constante et profonde. Il faut aussi être capable de résoudre les problèmes profondément inconscients des parents.

Wickes accorde beaucoup d'attention à ce dernier point. Dans le deuxième chapitre de son livre : *The Inner World of Chilhood* elle nous montre, à l'aide d'exemples, comment des problèmes inexprimés ou refoulés chez les parents peuvent provoquer une angoisse anidéique chez l'enfant. «C'est que, dit-elle, nous ne pouvons plus affirmer, comme le faisait l'ancienne psychologie, que les phénomènes les plus importants sont ceux qui sont à la base de la croissance intellectuelle, c'est à dire : les sensations, les réflexes et les habitudes. Notre vie est autant guidée par un développement d'origine interne que par l'influence du milieu extérieur.»

Dans cette double optique, l'atmosphère créée par les parents au sein de la famille est de la plus haute importance. Ainsi, ce ne sont pas les problèmes qui sont prépondérants, mais bien l'attitude adoptée vis-à-vis de ceux-ci. Même quand le Moi, la vie consciente se manifeste de plus en plus chez l'enfant, son inconscient reste lié à une identification étroite avec les parents. Cette dépendance spirituelle ressemble au lien qui unit l'embryon au corps de sa mère : si on coupe trop tôt le cordon ombilical, on expose le nouveau-né à des conséquences désastreuses et irréparables.

Il est normal que cette liaison apparaisse dans le développement de l'enfant mais, arrivé à un certain stade, il devra la liquider. Si cette libération survient trop tôt ou trop tard, il sera incapable d'assumer sa propre existence.

Donc, pour F. Wickes, lorsque l'adulte fait œuvre éducative, il doit absolument essayer de pénétrer dans la vie inconsciente de l'enfant. Comme chez le primitif, une grande partie de la vie psychique enfantine se joue sur ce terrain.

Nous retrouvons cet inconscient dans toutes les actions de l'enfant mais la fantaisie est son domaine de prédilection. Si nous ne la prenons pas au sérieux, il y a beaucoup de chances pour que l'enfant, se sentant incompris, nous coupe de sa vie intérieure et nous retire sa confiance. Nous risquons même de le voir se réfugier complètement dans un monde imaginaire. Une étude approfondie de ces fantaisies nous livre souvent les problèmes inconscients des parents. Plus l'enfant est jeune, plus la liaison entre l'inconscient des parents et l'inconscient de l'enfant est manifeste.

Mais, en général, l'adulte n'est guère disposé à faire son auto-analyse, ce qui a les mêmes conséquences, dit Wickes, que le fait « d'enfermer un cadavre dans l'armoire et d'y penser sans cesse ». L'enfant ignore et doit continuer d'ignorer ce fait qui constituerait pour lui une charge inutile. Il sent cependant les menaces que cache une atmosphère familiale apparemment détendue. Il ne peut dès lors formuler son angoisse. Dans de tels cas, la tâche du thérapeute consiste surtout à rendre les parents conscients de leurs problèmes. Cette prise de conscience peut suffire si les besoins de l'enfant évoluent parallèlement.

D'autre part, si les parents n'ont pas atteint la maturité nécessaire pour déployer toute leur individualité, l'enfant ne peut se sentir en sécurité et il va réagir par de l'angoisse ou d'autres symptômes névrotiques.

Des relations négatives ou non résolues entre les parents peuvent avoir les mêmes conséquences. F. Wickes cite le cas d'un garçon gravement perturbé dans ses relations avec sa mère : elle projetait sur lui son hostilité pour son mari. On put faire prendre conscience à la mère de ce processus et on put ainsi supprimer les causes de la névrose infantile. Les parents qui « ont une dent l'un contre l'autre » adoptent souvent ce mécanisme de déplacement sur l'enfant qui devient alors le catalyseur du ressentiment. Dans d'autres cas, on voit des enfants condamnés à porter le poids des péchés de leurs aïeux. L'hérédité n'a rien à y voir mais les parents se sécurisent en établissant un certain parallélisme entre l'enfant et un membre moins doué de la famille. Chaque psychologue a eu l'occasion d'observer cette attitude. Les expressions courantes : « Tu es tout à fait ton père » ou « ce que tu peux ressembler à ta mère » peuvent à elles seules déformer la personnalité de l'enfant en entravant sa recherche d'une disposition personnelle. Parfois aussi des parents rejettent ou même haïssent leur enfant parce qu'il éveille des pensées angoissantes dans leur inconscient.

Dans tous ces exemples, l'enfant souffre d'un désintérêt et d'un manque d'amour. Mais il ne faut pas non plus passer à l'excès contraire : un amour excessif et une protection exagérée peuvent aussi entraîner des difficultés et des troubles de la croissance. Comme le dit F. Wickes, « l'aide qu'un plus fort accorde à un plus faible n'est valable que si elle rend le plus faible, en l'occurrence l'enfant, réellement plus fort. Sinon elle ne fait que renforcer sa faiblesse : elle rend boiteux celui qui savait déjà marcher. » Ici aussi, les tendances inconscientes des parents empêchent l'enfant de devenir adulte.

C'est pourquoi, dans tous nos contacts avec l'enfant, nous devons nous efforcer de prendre pleinement conscience de notre attitude. Wickes termine son chapitre sur l'influence des problèmes parentaux par ces mots : « Si l'enfant n'a pas vécu l'expérience de la sécurité dans sa relation avec ses parents, il ne sera pas en état d'établir ultérieurement des liens adultes. »

Mais l'enfant doit se dégager de cette relation, tout comme, à un certain âge, il doit quitter l'école primaire. C'est au prix de cette libération qu'il deviendra indépendant. L'attitude des parents doit évoluer aussi et se transformer progressivement en une camaraderie compréhensive. Nous ne pouvons pas choisir notre enfant. Tout au plus, pouvons-nous opter pour une attitude susceptible de l'aider dans la voie qu'il s'est choisie.

Tout comme Jung, F. Wickes insiste sur le fait que si le traitement doit atteindre la névrose jusque dans ses racines, son but consiste surtout à lever les obstacles et à résoudre les difficultés de la vie actuelle. C'est un manque d'adaptation à ces difficultés qui engendre un état de conflit et bientôt le désir de se retirer de la lutte pour la vie parce qu'on se sent irrémédiablement battu.

« The habit of failure » — l'habitude de l'échec — remonte le plus souvent à la toute petite enfance. Dès ce moment, elle a donné naissance à un sentiment de découragement, d'incompétence, d'impuissance. Face à une nouvelle difficulté, l'enfant doit alors surmonter deux obstacles : en premier lieu, les difficultés réelles avec lesquelles il se trouve confronté et, en second lieu, son manque d'assurance toujours accru par les échecs précédents. Il est inconsciemment persuadé qu'il ne pourra jamais réussir.

Dans ce cas, l'attitude des parents a souvent été déterminante. Ainsi, si un enfant a subi de fréquentes maladies, les parents disent qu'il est « délicat ». Ils handicapent ainsi fortement sa soif de vivre et son courage et ils peuvent aussi provoquer toutes sortes d'autres tendances.

Wickes nous dit : « il faudrait que nous comprenions que l'enfant réagit d'une façon beaucoup plus aiguë que nous le croyons à nos convictions intimes et à nos sentiments inconscients et qu'il y a un échange continuel entre son inconscient et le nôtre. Nous accepterions alors plus facilement de reconnaître notre manque de sincérité dans ce rôle de parents que nous nous sommes pourtant imposé et nous reconnaîtrions plus aisément que notre relation avec l'enfant est incomplète. »

Toujours selon Wickes, l'inconscient de l'enfant est non seulement influencé par les expériences et le vécu personnels mais aussi par les images collectives. Certaines opinions, certaines idées sont enracinées profondément dans notre hérédité psychologique. Ainsi, on projette sur le père les sentiments d'autorité issus de la plus haute antiquité, la mère symbolise la vie mais aussi la figure qui protège la vie. Cette symbolique ne s'applique pas uniquement aux relations de l'enfant avec ses parents. Elle sous-entend aussi les attitudes vis-à-vis des partenaires ultérieurs.

Revenons à présent à notre propre expérience.

Lorsque nous devons rendre compte de ce que doit être notre attitude vis-à-vis de l'enfant à traiter, nous voyons apparaître trois « leitmotive » :

1) Dès le début, l'enfant doit se sentir à l'aise. Il doit pouvoir considérer la salle de jeu et tout ce qu'elle contient comme son domaine, comme un endroit où il peut être supérieur au psychologue tout en conservant une relation enfant-adulte. La qualité du transfert dépend de cette atmosphère

de liberté. En effet, à partir d'un certain moment, le psychologue va donner des conseils et des directives. Si la situation a mis l'enfant à l'aise, cette perception du psychologue comme adulte par moment hostile sera moins angoissante et l'enfant pourra se sentir en sécurité avec son nouvel ami.

2) Les premières heures de traitement permettent de se faire une première idée du problème de l'enfant. Sur cette base, le psychologue peut parfois le diriger prudemment et de façon quasi imperceptible dans la voie qui lui semble indiquée. Mais au début, une très grande prudence est de rigueur, l'enfant doit toujours se sentir libre. Il ne faut pas non plus adopter une attitude trop passive qui laisserait stagner l'enfant dans des jeux sans signification. A un stade plus avancé, le psychologue peut même passer de la direction à la stimulation s'il le juge nécessaire.

3) Le traitement doit se dérouler dans un climat de liberté et éviter toute censure. Comme nous l'avons déjà signalé, le psychologue doit se garder autant que possible de toute critique et de toute influence pédagogique. Nous disons bien «autant que possible» car il y aura des situations — notamment dans la dernière phase du traitement — où la relation sera plutôt du type enfant-adulte que patient-thérapeute. Explicitement ou par son attitude, l'enfant demandera alors une opinion et une aide active. Si on veut que le traitement réussisse, il faudra comprendre et accéder au désir de l'enfant, tout en évitant les conseils et les avis personnels.

Pour être complète, je voudrais revenir à ce que je viens de dire.

L'enfant doit être mis à l'aise. Pour l'enfant névrotique, qui est souvent un enfant freiné ou découragé, cela signifiera : ne pas se sentir opprimé ou attaqué par l'adulte. Inconsciemment cependant, il attend toujours une direction, fut-elle faible ou très indirecte. En général, la seule présence du psychologue est suffisante. Mais il peut aussi attendre du psychologue d'autres attitudes qui obligeront celui-ci à sortir de sa passivité. C'est le cas de cette petite fille névrotique qui luttait contre un sentiment de culpabilité qui n'avait jamais suscité la réaction valorisante souhaitée. Elle m'amenait toujours, au début du traitement, à jouer le rôle «d'une mère sévère». Pour en arriver là, l'enfant doit sentir que le psychologue peut remplir pour lui toutes sortes de fonctions : il doit avoir l'impression qu'il peut l'impliquer dans un jeu de rôles et surtout qu'il peut en attendre de l'aide.

Il faut rester naturel et se garder de toute artificialité. Cependant un mot cordial, une marque de préférence et même, de temps à autre, une friandise peuvent être utiles et même nécessaires, pour autant que cela reste dans la sphère de l'enfant. On peut établir une liaison avec l'enfant à condition d'en être conscient car ce lien devra se développer, se consolider puis se dissoudre. Il faut donc être capable de manier cette liaison et de la diriger dès le début de son installation. Tout comme il ferait pour n'importe quel autre enfant qu'il aime, le psychologue devra aussi s'intéresser aux goûts de son petit patient : sports, automobiles, etc., et il l'aidera dans son hobby : collections de timbres ou autres.

Un garçon de 9 ans me demanda après quelques visites : «Dis-moi un peu franchement ce que tu penses de moi.» Je lui répondis : «Tu es un beau garçon, tu es mon ami.» Son commentaire fut : «Hum, si tu n'étais pas mariée!» Ce à quoi je répondis : «Oui, cela aurait été bien si je n'étais pas beaucoup plus âgée que toi, il y a une différence de 30 ans entre nous et quand tu auras l'âge de ton père, je serai une vieille femme.» — «Oh oui, mais si tu pouvais quand même être ma mère!» «Ça irait mieux, dis-je alors, mais je n'aurais certainement plus autant de temps à te consacrer, j'aurais aussi un ménage et d'autres enfants tout comme ta mère, je serais aussi parfois impatiente et je te gronderais, tandis que maintenant je suis ici pour toi et j'ai tout le temps pour jouer avec toi et pour t'écouter.» «Oui, mais c'est quand même dommage, mais, tu sais, je ne voudrais quand même pas perdre ma mère.» Après cette petite conversation, le transfert était établi.

Si on écoute bien, on constate que l'enfant aborde lui-même les questions concernant le transfert, sa confiance en la liaison mutuelle et son inclination pour le psychologue : il existe une réponse et il doit être apaisé. Mais, comme me le fit remarquer un père : «L'enfant doit redevenir lui-même et non pas se contenter de trouver chez le psychologue un narcotique dont il ne peut se passer.»

Il nous faut encore approfondir les *techniques d'interprétation*.

Le traitement doit faire appel à la vie affective de l'enfant. Il est évident qu'il faut le rendre conscient de ce fait et le jeu en sera le moyen le plus facile. La compréhension intellectuelle seule ne sert à rien, ce sont presque exclusivement les sentiments qui interviennent dans la thérapie par le jeu. On pourra parfois insérer une méthode plus rationnelle avec des enfants plus âgés et plus orientés intellectuellement, mais uniquement comme technique d'appoint.

Quand interprète-t-on bien et quand le fait-on mal ?

Il est bien entendu impossible de donner un schéma de prescriptions : le psychologue devra se laisser guider par sa connaissance, son intuition et son expérience. Nous pouvons cependant fixer certains points :

1) Le psychologue ne doit pas interpréter s'il n'est pas sûr de ce qu'il avance. Ce sera le cas, lors de la première apparition d'une image, d'un symbole ou d'une attitude.

2) S'il veut en savoir davantage, il utilisera une méthode non directive qui portera prudemment l'attention de l'enfant sur ses attitudes et sur ses dires.

3) Il doit apprécier convenablement les symboles qui apparaissent et juger s'ils vont lui expliciter l'inconscient de l'enfant et le mener ainsi à la situation conflictuelle, ou s'il devra reprendre ce sujet avec l'enfant et alors ce ne sera possible que si ce dernier a atteint une maturité de plus de 6 ans.

Il est à noter que, dans la dernière phase du traitement, on peut adopter une autre attitude. On peut aussi donner son opinion personnelle. En bref, *l'attitude du psychologue doit évoluer en fonction de la consolidation du moi de l'enfant.* Fr. Allen insiste elle aussi sur cette «élasticité» si nécessaire dans une thérapie d'enfants. Si le traitement comporte une séance par semaine, il n'y a pas tellement de danger d'influencer l'enfant (on songera à Mélanie Klein qui faisait des séances quotidiennes et qui faisait donc œuvre pédagogique tout en affirmant s'en garder). Mais il ne faut pas sous-estimer l'influence qu'a le psychologue sur l'enfant névrotique. Tout traitement correct met cet enfant dans un état de grande réceptivité.

Pouvons-nous interpréter les réactions négatives de l'enfant ? Anna Freud répond par la négative, Mélanie Klein par l'affirmative.

Il n'y a pas de règles fixes mais cette interprétation peut parfois être utile. Elle peut être l'introduction à une conversation portant sur les raisons du comportement de l'enfant et elle peut servir de base à un travail d'élucidation sur un mécanisme de défense. Les manifestations négatives ont d'ailleurs souvent pour but de provoquer la réaction du psychologue. Si celle-ci ne vient pas, l'enfant deviendra de plus en plus agressif, provocateur et insatisfait dans son contact avec la salle de jeu.

Ce travail d'élucidation est en définitive très utile au psychologue. Il lui permet de connaître le jugement que l'enfant porte sur lui, s'il est content ou non de la tournure des événements et même, indirectement, ce qu'on en pense à la maison.

Doit-on pousser l'enfant à l'abréaction ?

Certainement pas. Il faut suivre le rythme de développement de la névrose particulier à chaque enfant. Il peut être très utile de l'aider à franchir une barrière, par exemple, quand il a peur qu'on se moque de lui ou quand il craint de paraître trop infantile. Cela peut lui faire gagner du temps, par exemple, lorsqu'il croit se dévaloriser en jouant avec des poupées ou en tétant un biberon. Mais s'il s'agit de l'expression d'une agressivité refoulée (dont l'enfant lui-même a peur), il faut s'en tenir au rythme de développement propre à l'enfant.

A notre époque, le traitement des enfants n'exige plus de nombreuses années. Les conditions socioculturelles ont évolué et, ce qui est important, on ose de plus en plus intervenir dans la thérapie. On ne se contente plus d'attendre passivement, ce qui réduit considérablement l'angoisse de l'enfant. Entre-temps, ce terme de « passivité » a acquis une signification différente, notamment lorsqu'on se demande si le thérapeute doit être « actif » ou « passif ». Comme toujours la vertu se trouve dans un juste milieu.

Avec des enfants, une attitude passive peut les stimuler mais elle leur paraîtra peu naturelle et elle pourra même les mettre en état d'insécurité : ils n'ont jamais rencontré une telle attitude ! D'autre part, une trop grande activité risque aussi d'avoir des conséquences néfastes et elle donnera en outre au traitement un cours étranger à l'enfant.

Voici un exemple : L'enfant demande au thérapeute : « Que vais-je faire aujourd'hui ? » — « Qu'en penses-tu ? » — « Non, tu dois le dire » — « Oui, je veux bien, mais je ne sais pas ce dont tu as envie et c'est ton heure de jeu » — « Ça ne fait rien, je veux que tu me le dises quand même » — « Voyons, que faisais-tu la dernière fois, le théâtre de marionnettes, hein ? Tu pourrais continuer » — « Bah ! non » — « Il y a encore les fléchettes, les soldats, l'argile » — « Non, je jouerai avec le théâtre de marionnettes. » Cette attitude n'a ni influencé, ni stimulé l'enfant. En fait, quand l'enfant demande : « Dis-le, toi », il cherche l'approbation pour ce qu'il désire faire.

Il ne s'agit pas tant d'être passif mais plutôt d'être *neutre*.

4. LES DIFFÉRENTES PHASES DU TRAITEMENT

Le traitement comporte trois phases qui se succèdent dans l'ordre suivant.

1. Pendant la première, l'enfant commence à établir un lien de confiance avec le thérapeute et il exprime ses conflits inconscients dans son jeu et dans son attitude. C'est la *phase d'exposition*.

L'enfant se laisse voir sous différents aspects et il essaie de trouver la partie de lui-même qui est la mieux acceptée. Le thérapeute aura une attitude expectative, tolérante parfois aidante. Un enfant sera exagérément sage, aidera à ranger, attendra une gratification tandis qu'un autre se montrera provocant, tâchera de savoir jusqu'où il peut aller et quelle est la nature exacte de cette nouvelle relation. Un enfant d'une agressivité extrême peut n'accorder aucune attention aux flèches, soldats, etc., et inversement, un enfant régressif peut s'attaquer carrément à ce matériel qui ne le concerne en rien. Le thérapeute reconnaît aisément la tendance exacte sous-jacente. Cette première phase peut s'étendre sur plusieurs semaines, mais il se peut aussi que l'enfant se rende assez rapidement compte de la situation. Il peut comprendre assez vite qu'il ne s'agit pas de savoir quelle partie de lui-même il laissera voir en se rendant compte que, dans la salle de jeu, il est toujours accepté et respecté, pour lui-même, et dans sa totalité.

2. La seconde phase est la *phase de décharge*. Elle comprend la reviviscence et l'abréaction des expériences non intégrées. Sa durée dépend de différents facteurs. Elle peut être relativement courte si l'enfant exprime une chose après l'autre comme un film qui se déroule. Mais, il y a parfois des hiatus, des périodes où il semble qu'il ne se passe rien si ce n'est des hésitations, des remords. Parfois, aussi, on constate un léger recul et tout ce qui fut gagné semble perdu. Le thérapeute doit être très attentif et diriger très prudemment l'enfant vers la prise de conscience.

Inconsciemment, l'enfant exprime ses conflits internes dans son jeu. Il les voit donc de plus en plus concrètement et il va ressentir un besoin de plus en plus pressant de les liquider. Cela ne sera possible que dans une atmosphère exempte de toute censure. La projection et l'identification avec le thérapeute, établies par le transfert, permettront à l'enfant de passer à l'abréaction de ses problèmes.

Pendant cette période, on voit souvent l'enfant se libérer de son conflit : il n'est plus partagé entre son désir de se laisser aller et sa lutte pour conserver l'affection de ses parents. Il accentue la seconde attitude. Si les parents perçoivent et « comprennent » cette évolution, l'équilibre peut se rétablir assez rapidement.

Les phases 1 et 2 ne sont pas toujours nettement séparées; parfois, elles se recouvrent. C'est précisément ce que nous souhaitons : il n'y a pas de guérison possible sans cette association abréaction-expression.

Malheureusement, il est souvent difficile au thérapeute de garder l'attitude voulue. Ses interventions doivent empêcher l'enfant de dépasser ses limites tout en évitant de rompre son jeu. Beaucoup de traitements trouvent l'origine de leur échec au cours de cette phase

3. *La phase de synthèse* : c'est celle de la conscience de soi, de la reconstruction.

L'enfant demande en termes plus ou moins clairs l'aide et les conseils du thérapeute. Celui-ci ne peut en aucun cas refuser mais il doit laisser à l'enfant de trouver par lui-même ce qu'il pense, ce qu'il ressent et ce qu'il veut. Il demandera par exemple : « Que penses-tu ? Quelle est ton opinion à ce sujet ? etc. »

Cette phase n'apparaît pas subitement. Souvent, c'est l'enfant qui indique inconsciemment son installation en maîtrisant petit à petit ses problèmes et en intégrant la partie de son moi qui lui était étrangère. A ce moment, le psychologue joue un rôle plus actif, il peut de plus en plus intervenir, soit explicitement, soit par le truchement du jeu, soit par une combinaison des deux. Ainsi, il pénètre mieux la problématique.

Les deux premières phases du traitement évitaient autant que possible l'influence pédagogique. La troisième phase la recherche car seule cette influence peut aider l'enfant dans l'intégration et la construction de sa personnalité.

Dans les deux premières phases la relation était du type patient-thérapeute, à présent elle se transforme en relation enfant-adulte, c'est à dire qu'elle se normalise. L'enfant va attendre du thérapeute ce qu'il attend généralement de l'adulte, c'est à dire l'aide et l'influence pédagogique. Ici, il faut se mettre bien d'accord avec le milieu sur la politique à suivre, sinon l'enfant va se trouver ballotté entre deux lignes de conduite différentes. A ce stade, il se rend compte qu'un autre éducateur s'est intercalé entre ses parents et il va essayer d'en obtenir des normes éducatives. Entre-temps, la confiance qu'il accorde au thérapeute s'est consolidée. La relation établie ne court donc aucun danger, même si le thérapeute adopte le point de vue des parents lors d'un conflit. Il faut évidemment que les parents justifient valablement leur attitude. Les plaintes de l'enfant sont parfois justifiées et il s'avère alors nécessaire de conseiller les parents. D'ailleurs, dans beaucoup de cas, parents et enfant demandent de plein accord l'avis du psychologue (souvent par l'intermédiaire de l'enfant sur l'ordre des parents). Le psychologue a donc une participation active, ce qui n'était pas le cas lors des deux phases précédentes.

Vers la fin du traitement, on peut restreindre le nombre d'heures. L'expérience nous a enseigné les dangers d'une rupture trop brusque. Elle provoque de l'angoisse chez l'enfant, parfois aussi chez les parents, et elle est souvent source de récidive.

D'après le thérapeute américain Moustakas, au début de toute thérapie, les sentiments de l'enfant sont diffus et ambivalents, ensuite (seconde phase) il s'enfonce dans la colère et l'agressivité pour ensuite, au moment où il se sentira le plus valorisé, développer des sentiments plus positifs et trouver une forme d'adaptation plus souple (troisième phase).

En ce qui concerne la seconde phase, il nous faut encore insister sur le fait suivant.

Il faut bien distinguer l'abréaction d'expériences qui réapparaissent et l'expression de sentiments d'insatisfaction relatifs au contact avec le thérapeute ou à certaines mesures qu'il a prises. Ainsi, dans la période où l'enfant tâte le terrain pour savoir jusqu'où il peut aller, des interdictions peuvent s'avérer nécessaires. Bien sûr, il pourrait paraître préférable d'indiquer à l'enfant ce qui est permis et ce qui ne l'est pas avant qu'il n'entre en action. L'enfant peut réagir à ces interdictions par de l'angoisse ou de la culpabilité : il va se fermer et il ne voudra plus ou n'osera plus jouer. C'est la tâche du thérapeute d'aider l'enfant à franchir ce cap et de donner les raisons de ses interdictions. Cela peut provoquer une décharge massive d'agressivité qui peut être apparentée à quelque chose de plus profond. Elle peut provenir d'une frustration plus ancienne, mais elle a quand même un caractère plus particulier que la décharge affective mentionnée en premier lieu.

Une interprétation de type « non directif » dans le genre « Wim ne trouve pas bizarre que je lui interdise ceci... » peut aider à mieux définir une relation.

A ce stade une interprétation se justifie alors qu'elle n'a aucun sens à la première décharge, au contraire, elle risque de détériorer complètement la relation.

Beaucoup de thérapeutes craignent de proférer ces interdictions, ils prennent alors trop de précautions. L'enfant n'est plus en confiance, il ne sait pas manier sa relation avec le psychologue, il manque d'assurance ou devient provocant dans la salle de jeu.

Il ne faut donc pas avoir peur de prononcer ces interdictions mais il faut les accompagner de mots tels que : «Bien que je te trouve toujours aussi gentil, je ne puis quand même pas trouver ça bien!»

5. LA PRÉPARATION DU TRAITEMENT

Pour qu'une thérapie réussisse, il est indispensable que les parents coopèrent. Il ne suffit pas qu'ils suivent les conseils et qu'ils viennent aux rendez-vous. Ils doivent fournir une collaboration «interne» engageant toute leur personnalité.

C'est pourquoi, il est très important de *préparer* minutieusement chaque traitement. La plupart du temps, les parents consultent le psychologue pour un problème d'orientation professionnelle ou pour des difficultés d'éducation. Dans certains cas, les conflits relèvent d'une stagnation ou d'une déformation de la personnalité et on conseille aux parents de faire subir un traitement à leur enfant. Il est tout à fait compréhensible que cela provoque une certaine opposition. Cette résistance n'est pas toujours exprimée ou désignée explicitement mais elle se découvrira peu à peu au cours du traitement. Il faut donc indiquer le traitement aux parents sans les y contraindre. Il est aussi préférable de leur donner les motifs et les conséquences que cela va entraîner : les rapports à fournir régulièrement au psychologue, les changements éventuels dans les méthodes d'éducation, l'aggravation probable lors de la première phase du traitement et naturellement les charges financières plus ou moins lourdes selon la durée de la thérapie. Cette mise au point est indispensable : si on la néglige et si on travaille d'une manière un peu désinvolte, on s'expose aux plus grandes difficultés. Cette exposition des faits ne lève cependant pas la résistance profonde. S'il y a encore trop d'objections, on adoptera alors plutôt une autre solution.

Le psychologue doit respecter ses rendez-vous, sinon les parents suivront son exemple. Une fois l'heure convenue, il faut autant que possible s'y tenir, surtout si les parents expriment (inconsciemment) leur résistance en voulant constamment déplacer ce rendez-vous.

A ce propos, je voudrais attirer l'attention sur les cas envoyés chez le thérapeute par un collègue, un directeur d'école, un médecin, etc. Régulièrement, les parents ne se doutaient pas que «c'était si grave». On leur a donné ce conseil en leur affirmant que leur enfant était névrotique et qu'il avait besoin d'un traitement.

Dans des cas pareils, on ferait bien d'être nuancé et de laisser au thérapeute le soin de décider de la possibilité d'un traitement. On insiste généralement beaucoup trop sur la *nécessité* d'un tel traitement pour vaincre la résistance des parents étonnés ou mal préparés. S'il ne s'en rend pas compte tout de suite, le psychologue devra consacrer beaucoup de temps et d'énergie à convaincre les parents du fait que cette indication n'est pas un procès de carence (comme la plupart le pensent).

Je reçus, un jour, une lettre d'une femme divorcée me demandant de bien vouloir la recevoir. L'école avait fait examiner la classe de son fils en vue du choix d'une section dans l'enseignement moyen. Le bureau qui avait fait cet examen n'avait pas donné les conclusions aux parents et en avait chargé le directeur de l'école. Celui-ci transmit donc l'indication de thérapie et ajouta : «Si vous n'acceptez pas, nous ne pourrons plus rien faire de ce garçon.» En conséquence, la lettre de la mère continuait sur ce thème : «Je ne comprends pas ce que viendrait faire une étrangère là-dedans, elle serait hors du jeu et elle ne pourrait certainement pas réussir là où moi, sa propre mère, j'ai échoué.» En fait d'avis insistant, voir menaçant, on ne fait pas mieux pour un éducateur conscient de ses responsabilités ! Lors des premières conversations, la mère demeura assez hostile, son attitude exprimait clairement son refus. Je lui proposai alors de prendre contact avec le bureau qui avait examiné son fils et de s'informer des motifs de leurs conclusions. Je fis clairement comprendre à la mère qu'il ne pouvait être question «d'obligation» de faire ce traitement et tout se passa comme prévu. Le terrain fut ensuite déblayé et elle en vint à «désirer les conseils d'une étrangère quant à l'attitude à prendre avec ce garçon instable et trop attaché à elle».

Chaque thérapeute doit être conscient de sa grande responsabilité. Même s'il est pleinement convaincu de l'aide que son intervention apportera à l'enfant, il ne peut jamais, au grand jamais, s'imposer. Il ne peut perdre de vue qu'une attitude trop émotionnelle place les parents dans une situation contraignante. Pour eux, il est celui qui sait tout et ses paroles peuvent les amener à prendre des décisions qu'ils ne désirent pas personnellement. Certains thérapeutes profèrent même des menaces dans le genre de : « Si vous ne faites pas ceci, votre enfant sera un raté. » Quel parent pourrait résister à ce genre de prédiction ?

Quand on a donné l'avis de faire subir un traitement à l'enfant, il faut laisser les parents délibérer tranquillement à ce sujet, placer éventuellement sur une liste d'attente et attendre la décision définitive. Entre la décision et le commencement du traitement, il est bon de se tenir au courant de la situation. En effet, l'attitude des parents ou les conditions peuvent s'être modifiées de sorte qu'un traitement ne s'avère plus nécessaire.

Pour conclure, j'aimerais insister sur le fait qu'il ne faut être ni trop ingérant, ni trop personnel lors des premiers contacts avec les parents. Il faut surtout éviter les remontrances et les avis qui éveillent cette impression d'ingérence. Il vaut mieux adopter une attitude expectative. Ainsi, lors de l'entretien avec les parents, le psychologue peut déceler la présence d'une situation conflictuelle. Dans ce cas, il peut être utile pour la suite du traitement de battre le fer tant qu'il est chaud. Mais s'il le fait sous forme d'interprétation ou de conclusion, il risque d'éveiller l'opposition des parents car à ce moment, il n'a pas encore entièrement acquis leur confiance. Une méthode que j'emploie souvent et qui réussit assez bien est celle des questions : « ne se pourrait-il pas que vous... » Citer un cas parallèle peut aussi agir favorablement mais on court le danger de donner l'impression qu'on ne fait pas grand cas du secret professionnel.

Le degré d'acceptation et de maîtrise de soi atteint par les parents influencera beaucoup ce premier contact.

6. L'ANAMNÈSE. LA COLLABORATION AVEC LES PARENTS. LE PRONOSTIC

Dans la plupart des cas, le traitement est précédé d'un examen psychologique et médical. Cet examen est très utile au thérapeute car il effectue un travail spécialisé et son diagnostic doit tenir compte autant que possible de l'intelligence, du caractère et de l'état physique de l'enfant. Lors de l'interview qui introduit le traitement, le psychologue fera, en outre, une anamnèse complémentaire où il accordera la parole aux parents.

C'est ce que l'on appelle «l'anamnèse spontanée» : le besoin éventuel de se confier n'est pas freiné par les questions directives ou suggestives du psychologue. L'inconscient des parents peut s'exprimer, ce qui nous est fort utile. Ceci ne veut pas dire qu'une confiance totale va s'établir dès la première heure. Naturellement on court le risque de laisser échapper certaines données mais aucune anamnèse n'est vraiment complète.

Si l'enfant n'a pas subi d'examen psychologique, il faut alors faire une anamnèse aussi complète que possible (de préférence après le second entretien, déjà moins officiel). Pour celle-ci, tout comme pour l'anamnèse complémentaire, on portera surtout son attention sur les points suivants :

a) Le développement (depuis la grossesse de la mère jusqu'à présent).

b) L'adaptation au milieu et en dehors de celui-ci.

c) La position économique de la famille dans la société; l'habitation.

d) La structure de la famille et ses relations internes. On accordera une attention toute spéciale aux relations provenant de l'enfant et aux relations allant vers lui.

e) La description et le vécu du milieu des parents pendant leur enfance.

f) La vie scolaire de l'enfant et ses résultats.

g) Le développement physique et les particularités médicales.

h) Le moment et la période où les plaintes actuelles se sont manifestées pour la première fois.

i) Les jeux de l'enfant, maintenant et/ou auparavant; ses goûts, ses hobbies et l'emploi de ses loisirs.

Lors de ce premier contact, on se gardera bien de laisser ou de faire dire aux parents plus qu'ils n'auraient réellement voulu dire.

Pour que le climat soit le plus favorable possible, le psychologue doit se persuader que pour beaucoup de parents, il est un intrus qui s'immisce dans leur intimité familiale. Or, précisément un milieu névrotique ne désire aucunement se montrer tel qu'il est. Patience et discrétion gagneront davantage la confiance qu'une liste exhaustive de questions.

D'ailleurs, au début du traitement, il ne s'agit pas seulement de poser des questions ou de laisser parler les parents. Au cours de cette première heure, les parents attendent aussi, et à juste titre, quelque chose du thérapeute. Tout d'abord, ils désirent être informés sur le traitement lui-même : ce qu'il comprend, quel en sera le cours probable et quel en est le pronostic. Il est difficile de se prononcer à ce moment, le thérapeute y reviendra après avoir vu au moins quatre fois l'enfant.

Ensuite le psychologue leur dira quelle devra être leur attitude provisoire vis-à-vis de l'enfant en traitement. Il leur fera comprendre qu'à partir de cet instant il va falloir travailler vers un but précis. Souvent (cela s'est produit maintes fois dans la pratique) les parents comprennent : « jusqu'à présent, nous avons tout fait de travers » ou encore « il y a maintenant quelqu'un d'autre qui s'occupe du développement de notre enfant, c'est un expert et à partir de maintenant nous ne nous en occupons plus du tout, au moins provisoirement ». Ils se tiennent à l'écart de l'éducation et créent ainsi une situation artificielle pour l'enfant. Une diminution de l'attention ou une attention d'un autre genre peut parfois détendre l'enfant et influencer favorablement le traitement. Cependant, le psychologue devra veiller à régulariser cette situation et à la faire disparaître. Il ne peut pas assumer entièrement le rôle du leadership dans la famille ni prendre des décisions, aussi banales soient-elles. Si la relation parents-enfant est trop mauvaise, on conseillera un changement de milieu.

Nous avons déjà dit qu'aucune anamnèse n'est complète : les conversations avec les parents au cours du traitement ramènent quantité de choses à la surface.

En conséquence, il ne suffit pas d'examiner les facteurs du milieu dans un traitement d'enfant névrotique, il faut, en outre, s'assurer la collaboration des parents car elle aussi joue un rôle très important. Comme le dit le professeur Dr. J. Waterink dans sa brochure : *L'enfant névrotique* : « Les enfants névrotiques donnent toujours l'impression de ne pas être ancrés, enracinés dans la communauté de vie ; ils semblent n'avoir aucun contact et on dirait qu'ils ne participent pas à la vie de leur milieu. On a l'impression qu'ils ont le sentiment d'être une totalité vivante plus ou moins abandonnée à elle-même hors d'une communauté de vie. Si ce n'est pas l'essentiel, c'est une des caractéristiques essentielles des symptômes de l'enfant névrotique. »

Sans vouloir généraliser, nous reconnaissons chez un grand nombre d'enfants traités les conséquences des difficultés matrimoniales des parents. Parfois, ceux-ci en parlent spontanément, parfois ils profitent d'une question ou d'une remarque pour aborder ce domaine. Mais il arrive aussi qu'il cachent soigneusement cette situation au psychologue tout en donnant l'impression de ne rien passer sous silence.

Il serait évidemment dangereux de supposer que tous les parents d'enfants névrotiques ont des difficultés conjugales mais il est souhaitable de se faire, autant que possible, une idée de ces arrière-plans et d'en tenir compte dans le pronostic.

Que se passe-t-il durant les conversations avec les parents ?

Sans qu'il soit ici question d'une véritable thérapie, ces entretiens ont pour but de les aider à mieux se comprendre et à prendre conscience de leur manque de maturité. Ils tentent aussi d'éviter la répétition des mêmes réactions à l'égard de l'enfant (à comparer avec l'Uncovering psychotherapy de F. Alexander).

Dans les cas les moins graves, ces entretiens apportent simplement un appui aux parents et leur donnent des directives plus claires pour l'éducation de leur enfant. Ils visent alors à une formation aux méthodes d'éducation adaptées au cas de l'enfant.

Doit-on renseigner les parents sur ce qui se passe pendant le traitement ? Le moins possible car :

a) Une phase de jeu ainsi reproduite est souvent mal comprise et mal interprétée. Cela provoque de l'inquiétude car les parents se disent : « Mon enfant se comporte bien bizarrement chez les autres ! »

b) On détruit la confiance de l'enfant car beaucoup de parents entreprennent l'enfant ou font au moins une remarque à ce sujet.

Donc, renseigner le moins possible. Cela signifie que, dans certaines situations, on peut être amené à le faire. En voici un exemple.

Une dame encore jeune se retrouva seule avec quatre enfants le jour où son mari se suicida au cours d'une crise psychotique. Elle resta tout un temps dans un état de torpeur réactionnelle, tomba dans une apathie totale et abandonna ses enfants aux soins des grands-parents. Après quelque temps, elle réagit et réorganisa sa vie. Elle prit une aide pour son ménage et reprit son métier d'institutrice. Il ne s'agissait pas d'une solution provisoire en attendant de se consacrer par la suite à l'éducation de ses enfants. Elle avait décidé de travailler alors que financièrement cela n'était pas nécessaire.

Au début, tout alla bien dans la famille. Les enfants (deux garçons et deux filles) grandissaient indépendamment d'elle mais se sentaient un peu esseulés. Cependant, au moment de sa puberté, un des garçons réagit à cette situation par de menus vols, de caractère bénin. Lorsqu'il commença à voler de l'argent hors de chez lui, des articles dans les magasins, etc., la mère s'inquiéta et vint nous trouver.

L'examen psychologique révéla une intelligence supérieure à la moyenne, un bon niveau caractérologique, mais un grand besoin d'attention et de compréhension. L'affaire semblait claire : si la mère s'occupait davantage de sa famille et en particulier de cet enfant sensible, une grande partie de ses besoins seraient satisfaits et le symptôme téléologique disparaîtrait certainement.

Il s'avéra cependant rapidement que la mère, bien que de bonne volonté et d'intelligence suffisante pour comprendre, n'était pas la femme à changer de vie dans ce sens. Une solution de compromis, comme par exemple, travailler à mi-temps ou donner des leçons particulières était certes à recommander mais il fallait d'abord convaincre la mère de l'état d'âme et des besoins de son fils. Or la situation n'était pas assez mûre pour donner un tel avis.

Puis un jour, l'enfant présenta sa situation de façon tellement évidente que nous jugeâmes utile de la montrer à la mère. Il mettait notamment en scène ce qui suit.

Dans la salle d'attente d'un vétérinaire, un petit garçon est assis tête penchée avec un petit chien à la mort dans les bras. Il attend seul. Il avait replié sur elle-même la poupée représentant le jeune garçon, les bras entourant le petit chien d'un geste protecteur. Dans la pièce à coté, le vétérinaire et son assistante s'occupent d'un autre patient. Après avoir contemplé cette scène un petit temps, il y apporte une modification : la mère du petit garçon entre dans la salle d'attente mais au lieu d'accorder son attention au problème du garçon, elle va se planter devant la glace et remet de l'ordre dans sa coiffure. Comme il laisse tout comme cela et ne semble plus vouloir y apporter de modifications, je lui demande : «Que va-t-il se passer maintenant?» — Lui : «Je ne sais pas, rien.» — «Le petit chien guérira-t-il?» — Il hausse les épaules «Sais pas.» En effet, il ne pouvait pas le savoir, tout dépendrait de l'attitude et de l'aide de la mère.

J'ai fait voir ce tableau de marionnettes à la mère. Il ne fallut pas beaucoup d'explications. Il est bien certain que par cette représentation concrète, la solitude et le besoin d'aide de son enfant lui apparurent mieux (et restèrent vraisemblablement mieux gravés dans son esprit) que si on lui avait simplement décrit ce qui se passait.

Le pronostic ne doit donc pas seulement tenir compte des chances de guérison de l'enfant, il doit aussi envisager toute la structure familiale. Le planning du traitement repose sur les possibilités caractérielles et intellectuelles de l'enfant mais il ne peut négliger les circonstances pratiques d'application.

Quand un enfant se trouve dans une phase d'interaction névrotique avec son milieu, les parents n'ont ni le goût, ni la confiance de faire encore des sacrifices pour cet enfant qui leur a déjà causé tant de soucis. C'est assez compréhensible et le thérapeute doit en tenir compte. C'est lui qui devra susciter l'attitude désirée chez les parents avant de commencer le traitement.

En dehors de ces réactions névrotiques qui se manifestent toujours plus ou moins dans l'entourage d'un enfant en traitement, on peut se trouver en présence de parents ou d'éducateurs dont la seule personnalité empêche le bon déroulement du traitement. Des circonstances imprévisibles peuvent aussi survenir, devant lesquelles le thérapeute se trouve impuissant.

Je songe ici à un garçon de 16 ans qui luttait contre une agressivité et une haine très forte de son père. Celui-ci mourut subitement d'une crise cardiaque, ce qui provoqua d'énormes sentiments de culpabilité chez ce garçon. Il refoula totalement son agressivité de sorte que les symptômes antérieurs réapparurent.

Autre exemple : cette jeune fille, adoptée par un couple sans enfant, avait beaucoup de mal à maîtriser ses sentiments d'insécurité et de solitude. Elle s'était attachée très fort au père mais cette confiance naissante vis-à-vis du père et de tous les hommes-pères, voire de toute l'humanité, fut totalement bouleversée le jour où cet homme abandonna sa femme pour aller vivre avec une autre.

De même, les maladies, les guerres et autres fléaux peuvent anéantir d'un seul coup les résultats si difficilement atteints.

Il n'est pas toujours agréable pour les parents de constater que le psychologue touche en fait à leurs propres problèmes. Dans bien des cas, l'accent mis sur les difficultés de l'enfant est une manœuvre inconsciente de détournement. C'est pourquoi C.W. Valentina préfère parler de «problemparents» que de «problemchildren» et Devereux parle du tragique des traitements d'enfants où l'on est souvent forcé de «treat the wrong patient directly and the right patient (parent) only indirectly». On peut comparer cette situation à celle de la femme musulmane malade : le médecin ne peut pas prendre son pouls car seul le mari peut la toucher. Pour sentir le pouls de sa patiente, le médecin doit se contenter d'un fil de soie serré autour du poignet de la malade !

Le psychologue doit toujours se poser la question : « Faut-il traiter les parents ou l'enfant ? » Mais, même s'il penche pour la première solution, il sera souvent préférable de commencer par l'enfant, ne fût-ce que pour le soulager un peu.

Entre-temps la situation risque de s'améliorer et les parents s'habitueront à sa « présence ».

Pour obtenir des résultats complets, il faut s'attaquer au fond du problème, en d'autres termes, faire un traitement de structure. Mais une guérison partielle peut parfois s'avérer utile si l'on est conscient de l'impossibilité ou de l'inutilité momentanée d'en faire plus.

De toutes façons, que l'on fasse une thérapie de structure ou une théorie individuelle la plus grande patience est de rigueur.

Bien qu'hésitant toujours devant une classification ou une typologie, nous ne pouvons pas, lors du diagnostic, nous soustraire à l'estimation des parents et à l'appréciation du climat dans lequel l'enfant doit vivre. Nous trouvons alors :

– des parents qui sont incapables de toute collaboration (les chances de réussite du traitement seul sont pratiquement nulles).

– des parents qui semblent vouloir collaborer mais qui camouflent sous cette bonne volonté extérieure une résistance difficile à vaincre. Si on ne s'en aperçoit pas à temps, le traitement risque d'être décevant pour les deux parties.

– des parents qui sont déjà engagés dans une interaction névrotique avec leur enfant et qui réagissent de manière ambivalente ou extrême. Ce sont des parents qui demandent beaucoup de soins dans leur relation avec le thérapeute. Leur propre sentiment d'insuffisance ou leur jalousie inconsciente les font souvent réagir de façon inadéquate. Dans ce cas, il est préférable d'envisager d'autres mesures telles que la scission du traitement de l'enfant de celui des parents, la remise du traitement de l'enfant pour aider d'abord les parents, la soustraction temporaire de l'enfant à son milieu.

– des parents d'un certain niveau intellectuel et caractériel qui comprennent ou qui prennent conscience de leur situation et qui pourront donc collaborer au développement commun quand cela sera possible. Cependant, avec eux aussi, le psychologue devra avoir beaucoup de patience car ils lui demanderont beaucoup de temps. Plus que d'autres, ils sont enclins à disséquer les événements et les comportements de l'enfant : le psychologue doit rester maître de la situation et la régler aussi longtemps qu'il l'estimera nécessaire pour l'intérêt de l'enfant.

Il serait impensable de vouloir donner une liste de toutes les causes de névroses imputables au milieu. Il existe cependant des influences tellement fréquentes que je ne peux les passer sous silence.

Les mères qui, pour une cause plus ou moins profonde n'accordent pas l'amour et l'attention nécessaires à leur enfant insistent souvent exagérément sur la propreté corporelle. C'est ainsi que d'après R.S. Illingworth, beaucoup de cas d'anorexie et d'énurésie sont provoqués par la mère elle-même : l'enfant s'oppose aux soins exagérés de sa mère car il attend autre chose, quelque chose de plus vrai.

L'impatience de la mère peut avoir le même effet (par exemple : si la mère travaille et est tenue à un horaire fixe). Dans ce cas, on constate en outre l'apparition de symptômes névrotiques dus au fait que l'enfant échoue dans son identification avec la mère. C'est pourquoi le psychologue ne doit pas seulement connaître parfaitement les conditions de la famille, il doit aussi approfondir la préhistoire des parents. Comme nous l'avons déjà fait remarquer, il vaut mieux, lors des premières questions anamnestiques ne pas aborder trop profondément ou trop directement les problèmes et expériences de jeunesse des parents. Ce serait tout à fait inutile car le contact avec les parents sera d'assez longue durée. La disponibilité à s'examiner soi-même deviendra de plus en plus grande et de ce fait les chances d'amélioration le deviendront également lorsque les parents aborderont l'un ou l'autre problème spontanément ou par association c'est-à-dire au moment où ils y seront disposés intérieurement.

En psychothérapie, il n'est pas rare de constater que l'enfant est devenu le catalyseur des difficultés conjugales : souvent même les parents ne peuvent plus se passer de cette protection. Ils ont, comme le dit H. Zulliger dans son livre «*Heilende Kräfte im Kindlichen Spiel*» besoin d'un enfant difficile et doivent empêcher sa guérison. Dans cette sorte de cas le pronostic d'un traitement par le jeu sera très réservé.

Voici un exemple très clair : Une mère mariée à un homme très névrotique, dysharmonique et infantile ne pouvait supporter son second enfant qui, parmi les trois issus du mariage, était celui qui ressemblait le plus à son père. Le traitement de l'enfant, les conversations avec la mère, l'envoi de celle-ci à un neurologue n'apportèrent que très peu de changements. La situation se compliquait du fait que son mécontentement vis-à-vis de son mari ne s'exprimait pas envers le père lui-même, mais par une longue suite de plaintes et de condamnations à l'adresse de l'enfant. Le père naturellement s'identifiait au garçon, il l'aidait et le soutenait à se montrer toujours plus difficile, ce qui semblait justifier les plaintes de la mère. Mais elle aimait tant cette attitude masochiste que pour l'en débarrasser on dut soustraire l'enfant à son milieu familial.

7. L'ENFANT FAIT CONNAISSANCE AVEC LA SALLE DE JEU

Cette phase du traitement fait suite au premier entretien avec les parents. A ce moment, les parents, en accord avec le psychologue, ont donné à l'enfant les raisons pour lesquelles il devra venir régulièrement à la salle de jeu. Évidemment, beaucoup de choses dépendent de la façon dont ceci a été présenté. Parfois, les parents attribuent injustement au psychologue le rôle de celui « qui te rendra à nouveau sage » ou « à qui tu n'as qu'à raconter comme tu es difficile à la maison » ! Si l'enfant souffre de symptômes névrotiques pénibles et apparents, la meilleure présentation est de lui dire que l'on va essayer de l'en débarrasser. Dans d'autres cas, il sera préférable d'attendre un peu avant de donner les raisons du traitement : notamment si l'enfant fait de l'opposition, du freinage ou si ses difficultés sont dues à des circonstances pénibles dans sa vie.

En général, pour les enfants plus âgés, il faut faire le moins de mystère possible. Par contre, pour les petits, il n'est pas nécessaire de donner des explications, ils acceptent facilement de fait de « pouvoir aller jouer quelque part ».

Il est important que l'enfant ne ressente aucune obligation : il doit avoir le sentiment que : « si ça ne me plaît pas, je n'y vais plus, c'est tout ». Il y a peu de danger que cela se produise effectivement. L'enfant est trop tenté par le luxe de pouvoir disposer de tout le matériel et par le privilège d'être le centre d'attention d'un adulte (qui aime les enfants).

Les enfants très découragés demandent très vite une sécurisation car ils s'interrogent constamment : « Est-ce qu'il y a vraiment une chance pour que je guérisse, est-ce que cela va vraiment aller mieux » ? Il faut rendre l'espoir à ces enfants et les soutenir régulièrement. Toutefois, on veillera à ne pas augmenter le sentiment de culpabilité de l'enfant, tout en ne considérant pas trop vite ces difficultés comme des bagatelles. Il faudra trouver les mots justes pour faire comprendre à l'enfant que l'on se trouve à la fois à coté et derrière lui.

On n'oubliera pas non plus qu'à un certain stade de la névrose, l'enfant tient inconsciemment à conserver ses symptômes : il a en effet découvert que ceux-ci présentaient aussi des bénéfices secondaires en le mettant dans une situation d'exception.

La place du thérapeute se trouve, en paroles mais aussi en fait, à coté de l'enfant. Les parents, souvent déçus par leurs essais manqués, peuvent réagir de travers si le psychologue ne leur a pas expliqué clairement les raison de sa conduite. En bref, les parents ne doivent pas avoir l'impression d'être mis hors course, d'être disqualifiés car cela déplacerait le problème sans l'améliorer. Frederich H. Allen dit à ce sujet (*Psychoterapy with children*) : « La crainte de l'échec chez les parents a toujours un retentissement sur l'enfant étant donné que l'enfant dépend totalement de ses parents. Le thérapeute ne peut donc pas trop insister sur les fautes commises. »

On peut se demander : « Où finit l'observation et où commence le traitement lors du contact dans la salle de jeu ? » Souvent l'observation et la thérapie s'interpénètrent. Et comme le dit le Prof. Waterinck dans sa brochure déjà citée : « Le diagnostic peut déjà avoir une signification thérapeutique et la théorie permet d'approfondir et d'affiner le diagnostic. »

C'est de préférence au cours de la première visite de l'enfant, pendant qu'on lui montre la salle et le matériel, qu'on lui expliquera les raisons de sa venue. Pendant cette visite, on n'insistera sur aucun jouet, tout doit être montré d'une manière neutre. On ajoutera incidemment qu'aucun jouet n'est réservé à un âge précis, que, par exemple, des grands garçons et des grandes filles jouent parfois avec le théâtre de marionnettes ou construisent quelque chose dans le sable.

Au-dessus de la porte, dans le couloir une lampe allumée indique que la salle de jeu est occupée et que l'on ne peut pas déranger. On expliquera cela aux enfants pour qu'ils se conforment à cet usage. « Car, dira le psychologue, certains enfants racontent parfois quelque chose sur eux-mêmes. Je suis ici pour jouer et pour parler avec eux. Pendant les trois quarts d'heure que tu passeras ici, la salle de jeu est à toi, tu pourras y faire ce que tu voudras. » Presque toujours, l'enfant demande alors :

« Tout ? » — « Presque tout, tu ne peux pas, par exemple casser les vitres ni t'asseoir à mon bureau. »

Je conseillerais au thérapeute d'établir un protocole après chaque séance afin de pouvoir le consulter la semaine suivante au moment de reprendre l'enfant. Il vaut mieux que l'enfant l'ignore, il se sentirait à la fois en insécurité (puisque d'autres pourraient en prendre connaissance) et trop intéressant. Il se peut cependant que l'enfant, ayant oublié quelque chose, rentre à l'improviste dans la salle et trouve le psychologue en train d'établir le protocole. Il faut alors expliquer que l'on doit bien inscrire ce qu'il a raconté car il est impossible de tout retenir. La plupart des enfants trouvent cette raison suffisante.

Il y a un facteur important qu'il ne faut pas sous-estimer. L'enfant qui entre en traitement se place dans une situation spécifique. Il fait quelque chose que les autres enfants de la famille ou de la classe ne font pas. Il se différencie donc des autres et se place dans une situation d'exception. Cette situation comporte parfois, lorsque l'enfant est encore petit ou habite loin, un voyage régulier avec papa et maman. Cette venue en commun vers le thérapeute peut à elle seule avoir une influence favorable. Souvent aussi, l'atmosphère éducative se modifie, soit dans le sens d'une plus grande attention, soit dans le sens d'un désintérêt (les parents se disent alors : « On éduque notre enfant pour nous »). Le psychologue devra réviser cette seconde attitude.

Chose importante aussi, l'enfant coûte maintenant beaucoup d'argent. En retour, les parents attendent beaucoup de leur enfant et en particulier une guérison rapide.

8. DIFFÉRENCES ENTRE LE TRAITEMENT D'ENFANTS ET LE TRAITEMENT D'ADULTES

La méthode d'approche de l'enfant névrotique s'est de plus en plus distinguée de « l'analyse des premiers âges » depuis que l'on ne compare plus l'enfant à un adulte en réduction. Le traitement d'enfants présente avec la thérapie d'adultes une différence de situation et de relation. En général, l'enfant exprime dans son jeu ce qui le préoccupe à ce moment-là, ce à quoi il réfléchit le plus pendant cette période. Virginia Axline qualifie sa thérapie de « client-centered », bien souvent on pourrait parler d'une « moment-centered » thérapie. L'adulte, par contre, revient inévitablement au passé, à son enfance dans ses entretiens. Il s'étend non seulement sur ses handicaps actuels, parfois à l'origine du traitement, mais aussi sur sa jeunesse. Ainsi, dès le début d'un traitement d'adultes, on agit de deux façons : au présent et au passé. Mais quelle que soit la méthode employée, l'adulte peut se référer à un passé plus étendu que celui de l'enfant. Ce passé se manifeste surtout dans les rêves et c'est pourquoi on les examine dans une thérapie d'adultes.

Ceci se produit rarement dans le jeu de l'enfant. En outre, il ne fait pas encore ou très peu de l'introspection ou de la rétrospection. Sauf exceptions, notamment dans le cas de névroses traumatiques, il est nécessaire de réactiver les impressions pénibles que l'enfant a subies et qu'il a peut-être refoulées.

Par contre, c'est avec les parents que, pendant une thérapie d'enfant, on retourne au passé, c'est avec eux qu'on revivra le passé de l'enfant et c'est avec ces renseignements que, petit à petit, on fera une révision de leur système d'éducation.

Anna Freud dit : « Dans la névrose infantile, c'est le développement qui est enrayé ; dans la névrose d'adultes, c'est la vie amoureuse et l'exercice d'une profession. » Dans un diagnostic d'enfant, on doit donc accorder une attention toute particulière aux difficultés de développement actuelles et ultérieures. Le thérapeute d'enfant se centre surtout sur le présent et le futur. Chez l'adulte, on examine, dans la plupart des méthodes, le présent et le passé mais on s'efforce aussi de lever les fixations qui empêchent le futur.

Une thérapie ne sera efficace que si le milieu apporte son entière collaboration. Dans un traitement d'adultes, cela dépend essentiellement du patient lui-même : il doit être bien disposé (compte tenu des résistances probables). Dans le traitement d'enfant, peu importe que l'enfant veuille ou ne veuille pas (une fois dans la salle de jeu, il pense à tout autre chose), l'aide que le thérapeute pourra lui apporter dépend essentiellement de l'attitude de ses parents. En effet, l'influence du milieu est si forte qu'il est impossible à l'enfant de voler de ses propres ailes, même s'il est soutenu par le psychologue : cela amènerait trop de décalage dans sa relation avec ses parents et surchargerait ainsi sa conscience.

Puisque l'adulte (du moins dans les cas où le pronostic est favorable) possède en lui sa guérison, son autonomie, le thérapeute ne peut établir ni tolérer un transfert trop intense. Avec l'enfant, par contre, le thérapeute peut et doit réagir : outre la compréhension, il doit faire intervenir le sentiment. Il doit se donner entièrement, et à chaque instant, à l'enfant. Sa relation est de nature plus intime et plus personnelle que celle adoptée vis-à-vis de l'adulte.

D'autre part, la plupart du temps, l'adulte entre de son plein gré en traitement, tout au plus y est-il forcé par ses tensions ou ses désordres névrotiques. L'enfant, lui, y est envoyé. L'adulte, en général, sait pourquoi il est là, l'enfant le sait rarement. Il serait à mon avis préférable et surtout plus honnête de faire comprendre à l'enfant pourquoi et comment nous voulons l'aider.

Une thérapie d'enfant peut, bien que ce ne soit pas toujours souhaitable, être interrompue. Il peut s'avérer utile, dans certains cas, de surseoir à la continuation d'une thérapie jusqu'à ce que l'enfant ait atteint un stade où la prise de conscience et l'abréaction seront plus aisées. Par contre, on ne permet jamais à l'adulte de se retirer du traitement car ce pourrait être le moyen de se soustraire aux conséquences de ce traitement.

Le thérapeute devra donc se montrer très souple dans sa relation avec l'enfant névrotique. Celui-ci se trouve en plein développement et le thérapeute devra, plus d'une fois, suivre son évolution d'un stade névrotique à l'autre.

Je dois mentionner ici les trois modes de pensée de l'enfant que Hans Zulliger cite dans son livre : «*Heilende Kräfte im kindlichen Spiel*».

1. La pensée magique : ce qu'il appelle «Denken des Unbewussten» où les symboles prennent la place des choses. Ce monde est régi par le «monde des désirs» primitifs.

2. La pensée concrète : l'enfant plus âgé apprend les lois de son milieu. Cela va du principe de causalité à la prédiction. Beaucoup d'adultes, dit Zulliger, en restent à ce stade-là.

3. La pensée abstraite : c'est l'éducation de la pensée qui a lieu à la puberté et à laquelle on entraîne surtout les élèves du cycle secondaire. Cette pensée est en fait une nouvelle forme de pensée symbolique, mais de niveau supérieur à celle du petit enfant. Un développement trop unilatéral de cette pensée peut conduire à une attitude de savant en chambre, qui a trop peu de contacts avec la réalité. Placés en face de problèmes concrets, ces gens se trouvent désarmés. Une fixation de ce mode de pensée peut donc aussi amener une stagnation.

Il est absolument nécessaire que, dans une thérapie d'enfant, le thérapeute se libère de la pensée adulte pour pouvoir se mouvoir dans les stades infantiles où tout n'est encore que symboles.

Plus que toute autre particularité, cette communion avec le monde infantile, ce branchement sur la même longueur d'ondes mettra l'enfant en confiance et lui donnera le sentiment d'avoir trouvé un ami en la personne du thérapeute.

Comme dernier point de différence, j'aimerais citer la relation multiple que comporte un traitement d'enfant en opposition avec le contact individuel, le plus souvent suffisant dans un traitement d'adulte. La thérapie d'enfant est un traitement de structure : nous n'avons pas seulement affaire avec l'enfant mais aussi avec son milieu, la famille et l'école. Cette situation, comme nous l'avons souligné plusieurs fois, exige une attention dispersée mais aussi des interventions, des informations et des directives effectives. De l'enfant, on attend encore une passivité partielle, tandis qu'on exige généralement de l'adulte «qu'il le fasse lui-même». Une prise en considération constante de toute la situation demande beaucoup de vigilance de la part du thérapeute. C'est parfois difficile et cela prend beaucoup de temps, mais pour voir clairement les interrelations, il sera préférable, dans la plupart des cas, de confier le traitement à une seule et même personne, le thérapeute.

9. COMPARAISON DU TRAITEMENT D'ENFANTS EN INTERNAT ET AU SEIN DE SA FAMILLE

La majorité de nos cas sont des enfants qui vivent dans leur propre milieu. Ils font régulièrement intervenir leurs conflits dans la thérapie et manifestent chez eux leurs réactions à l'influence thérapeutique. Il est cependant utile d'accorder un peu d'attention aux enfants internes qui subissent un traitement par le jeu. Dans ces cas, d'autres facteurs interviennent, qui entraînent une modification de l'attitude du thérapeute.

L'enfant placé en internat exprime généralement ses problèmes avec le milieu de façon moins concrète et moins spontanée. Dans son cas il y a d'autres impressions qui agissent notamment l'adaptation au groupe et aux règles de l'internat, les relations avec le moniteur et avec les autres membres du personnel, le sentiment d'être «hors de chez soi», tantôt positif, tantôt négatif. Le milieu familial est, soit oublié, soit idéalisé. C'est pourquoi, il est préférable de prendre l'enfant en thérapie dès son entrée et d'activer les conflits avec le milieu. Il sera parfois utile de mettre régulièrement l'enfant en contact avec ses parents, de le laisser parler et penser à «avant». D'autre part, l'enfant étant placé dans un groupe et devant le retrouver après son heure de traitement, une certaine forme de «couverture de la problématique» est nécessaire à la fin de la séance. En outre, il est indispensable d'avoir un contact régulier avec les nouveaux éducateurs pour s'informer des réactions et des besoins de l'enfant en traitement.

Cependant, cette situation présente aussi des avantages. Le *follow-up* est plus facile, on peut obtenir des données plus précises et plus objectives, les réactions de la thérapie sont mieux enregistrées que dans la famille. Le diagnostic, inhérent à tout traitement, est plus facile à fixer.

Tout ceci concerne *le traitement par le jeu proprement dit* appliqué aux enfants internes névrotiques. Mais la plupart des internats pour enfants ne comptent qu'un petit nombre de névroses infantiles. Ils attirent surtout des enfants abandonnés, autistes, peu doués et aussi des psychopathes. Tous ces enfants exigent une aide précise très différente de la véritable ludothérapie. L'éducation du groupe constitue le principal traitement de ces enfants mais on devra parfois trouver un moyen pour les aider par une situation de transfert et un contact individuel. Dans les cas favorables, il suffira parfois pour ces enfants mentalement handicapés *d'être présent*, de leur réserver régulièrement un moment pour s'occuper d'eux. Peu importe la façon dont l'enfant se comporte entre-temps pourvu qu'il sorte de son isolement, rétablisse une relation de confiance avec un adulte et comble le vide dans sa vie affective. Si l'enfant présente des possibilités caractérielles positives et si ses occupations dans la salle de jeu trahissent de beaux contenus ludiques, il est possible que l'on passe plus tard à la ludothérapie. Mais dans beaucoup de cas, cela ne pourra pas se faire et on devra se contenter d'«être là». *Cette thérapie de soutien* exige une attitude personnelle fort différente de la méthode d'observation qui demande plus de distance et plus de recherche.

Pour les enfants freinés et pour ceux qu'il faut aider à employer le matériel, on pourrait parler de *thérapie d'encouragement*. C'est alors surtout la force de persuasion du thérapeute qui aidera l'enfant à franchir les seuils et à vaincre son angoisse. Le résultat final est souvent mince mais cette approche ressemble plus à celle utilisée dans une ludothérapie. Cependant le thérapeute est plus actif, plus sécurisant : on pourrait dire que c'est une ludothérapie limitée. La superstructure névrotique sera diminuée ou même levée. Dans ce groupe, ce qui reste ne donnera pas des perspectives plus larges, mais la libération des forces antagonistes constituera déjà une amélioration considérable.

En dehors des groupes cités ci-dessus : 1. Les névroses et 2. les handicapés mentaux (nous rassemblons sous ce terme les enfants négligés, autistes et peu doués) il y a un 3ᵉ groupe : les enfants difficilement intégrables, les enfants à tendances psychopathiques. Doit-on faire subir une psychothérapie à ces enfants? certainement pas une psychothérapie dans le sens strict du terme, et ce pour deux raisons :

1. Nous n'avons aucun pronostic de guérison complète. L'enfant souffre d'un déficit caractériel qu'on ne pourra jamais combler.

2. Une ludothérapie (liberté de mouvements et d'occupations), en le choyant et l'encourageant, provoquerait une aggravation du manque de contrôle et on aboutirait aux résultats inverses.

Mais alors, que faut-il faire?

Nous appliquons ici la troisième forme de thérapie d'internat : la *méthode du dressage* par laquelle on essaie de fixer un but à l'enfant, de l'occuper le plus «constructivement» possible et cela avec le moins de matériel possible (puisqu'il est vite distrait). L'attitude du thérapeute sera uniquement pédagogique. On peut à la rigueur appeler cela de la thérapie au sens large. On crée une certaine situation pour que l'enfant rentre dans le groupe. On l'entreprend d'une manière très intensive pour lui faire «voir» (on peut à peine parler de compréhension) «qu'il vaut mieux agir comme cela, s'il ne veut pas se heurter au milieu».

En dehors de ces contacts dans la salle de jeu, on demandera aux monitrices de l'internat de modifier leur méthode d'approche en fonction des différents groupes de patients.

10. RÉGRESSION ET AGRESSION AU COURS DU TRAITEMENT

Comme nous l'avons déjà dit au cours de la discussion des différents stades du traitement, l'enfant fait de l'abréaction dans la salle de jeu. Cette abréaction peut être accompagnée ou suivie de périodes de régression. Nous voudrions insister sur ce point et ajouter que l'enfant névrotique a fortement tendance à se réfugier dans les stades plus précoces de son développement.

Le milieu de l'enfant (famille, école, amis) accepte difficilement cette régression. C'est pourquoi l'enfant recherche des chemins détournés (formation de symptômes) pour satisfaire ce besoin. Il ne le manifestera plus clairement que lorsqu'il se sentira pleinement accepté par le thérapeute. Si son moi est faible, il peut difficilement masquer ses besoins internes et il les manifestera dès le début du traitement. Si son moi est plus solide, il devra d'abord le vaincre, mais quand il y parviendra, il risque rapidement de tomber dans l'excès contraire. Ce fut le cas d'un petit garçon de six ans, qui voulait jouer au menuisier après un jeu de bébé violent. «Je me trouve trop grand pour jouer, je suis déjà quand même à l'école, maintenant je veux travailler et ne plus jouer.» Après lui avoir fait remarquer «l'école est faite pour travailler, et bien que tu puisses faire ce que tu veux, la salle de jeu est là précisément pour y jouer.», il prit le biberon et retourna à son attitude infantile. Tout comme pour les extériorisations agressives, il faut laisser faire l'enfant dans son jeu régressif. Il faut l'amener à un point de saturation, où le besoin de revenir à un stade plus infantile que le sien, devienne pratiquement nul. A ce stade, le traitement est déjà bien avancé. Cependant, même en cas de rétablissement, une fuite dans la régression est toujours possible. Une petite fille de quatre ans était très jalouse de son petit frère, beaucoup mieux accepté qu'elle par un père immature. Elle subit une thérapie par le jeu et commença subitement à parler sur le ton du bébé qu'elle avait adopté auparavant lorsque son petit frère tomba malade. Cette fois, cependant, son comportement régressif dura moins longtemps et fut moins intense qu'au début de son traitement.

Il faut se garder d'interpréter prématurément les comportements régressifs. L'enfant qui n'a pas atteint son point de saturation pourrait se hisser, par honte, à un niveau qui ne peut pas encore être le sien. La durée d'une telle période régressive dépend de plusieurs facteurs : la nature de l'enfant, la nature des parents et la relation entre les deux; la gravité de la névrose, la durée et la force du refoulement; la qualité de la relation avec le thérapeute, etc.

Toute influence pédagogique aurait à ce stade et dans ces circonstances comportementales un effet désastreux. L'enfant n'a que trop entendu qu'il devrait être «un grand garçon», «une fille énergique». Revenir à un niveau inférieur représente un luxe pour l'enfant, c'est pourquoi, il n'est pas rare de voir un garçon de huit ans faire des «patés» dans le bac à sable, s'étendre de tout son long devant le théâtre de marionnettes ou rechercher un jeu où son rôle est totalement dépendant du thérapeute.

En ce qui concerne cette attitude agressive ou régressive en ludothérapie, il n'y a pas de règles à donner, les deux n'apparaissent pas nécessairement.

Dans les deux cas, cependant, on devra avertir le milieu, car l'enfant a tendance à poursuivre cet épisode temporaire en dehors de la salle de jeu. Si le milieu s'y oppose, par manque de compréhension, cela peut gêner le traitement. L'enfant adoptera ce comportement pour la première fois, là où il se sent le plus en sécurité, c'est-à-dire, dans la salle de jeu. Il ne sera donc pas difficile d'avertir le milieu à temps.

Chez les enfants plus âgés (ceux dont la fonction critique est éveillée), il sera plus difficile de libérer un jeu régressif. Leur régression se manifeste moins directement, par exemple : dans la symbolique du dessin ou des travaux d'argile, dans le fait d'abandonner trop rapidement une occupation pour une autre, de ne pas courir le risque d'être perdant dans un jeu avec le thérapeute, dans des récits de rêves ou de fantaisie, etc.

A ce stade, il est très important de permettre à l'enfant d'être lui-même en face d'un autre, d'un adulte. Il faut combler et rassasier l'enfant de ce dont il a besoin. Cela sera suffisant pour la suite du traitement. Le thérapeute sera donc très peu actif durant cette période.

Ces réactions régressives occupent une place importante dans le traitement de deux formes de névroses : dans le cas de l'hospitalisme (l'enfant doit trouver de nouvelles formes d'adaptation) et dans la névrose d'enfant adoptif (l'enfant a tellement soif d'amour, qu'il commence par rattraper tout ce qui lui a manqué).

Comme nous l'avons déjà mentionné, l'agression s'extériorise plus facilement que la régression dans un traitement par le jeu, compte tenu des résistances du début. Ici aussi, plus les tendances sont refoulées, plus elles sont accompagnées de sentiments de culpabilité ou de censure, entrecoupés de pauses pendant lesquelles l'enfant paraît neutre et adopte un comportement peu émotionnel. La réintégration, qui y fait normalement suite, exige beaucoup de temps ; le thérapeute sera généralement le premier à le remarquer. Ensuite, après un temps plus ou moins long, son propre milieu le constatera. Finalement, les prestations s'accorderont avec le comportement et l'école sera ainsi la dernière instance à remarquer l'amélioration de l'enfant.

Une interprétation prématurée des tendances névrotiques n'a aucun sens et est, de plus, nuisible. Une incitation au comportement agressif est également injustifiable. Si l'enfant n'exprime pas encore de l'agressivité, c'est qu'il ne sait pas encore l'extérioriser, et qu'il en a vraisemblablement peur. Mais on doit sans cesse persuader l'enfant qu'il lui est permis de s'exprimer agressivement. L'*absence* d'action a autant de signification que l'action.

Lydia Jackson insiste sur le fait que pouvoir être agressif est souvent bon signe et doit être considéré comme un signe de vitalité. Je ne voudrais pas affirmer que dans un traitement par le jeu, l'agressivité (le plus souvent refoulée) joue le rôle principal, mais elle joue certainement un rôle important. Les enfants qui ont moins de vitalité sont susceptibles, eux aussi, de faire des névroses, mais ils adopteront un comportement différent. Ils auront moins de heurts dans leurs contacts et moins de tendances à l'agression.

L'enfant qui est l'objet de sa propre agressivité se trouve dans une situation beaucoup plus grave que lorsque c'est le milieu qui en est la victime, bien qu'il soit enclin à penser le contraire. Beaucoup d'angoisses et de phobies sont des tendances agressives détournées, dirigées primitivement vers le milieu et puis détournées par la conscience. Dans de telles situations, plus le MOI est fort, moins grande sera l'emprise de la conscience sur le besoin de donner libre cours à l'agressivité, et généralement plus grandes seront les plaintes du milieu. Les enfants plus sthéniques se comporteront un certain temps de cette manière mais comme tout enfant craint une « perte d'amour », après quelques temps, leur attitude changera ; il y aura une modification ou un déplacement de leur agressivité qui s'exprimera alors plus indirectement.

La tâche du thérapeute consiste donc à ramener à une abréaction directe de ses sentiments originels. Cependant, et nous insistons, il n'en donnera que la possibilité, il ne la stimulera pas.

Une agressivité réprimée mène à l'inertie, au manque de goût, à un sentiment d'incapacité à-travailler-selon-ses-aptitudes, à la timidité, à l'anxiété, à l'autodestruction, etc. Une agressivité libérée, donc affaiblie et canalisée, mène à la joie de vivre, à la croyance en soi, à la créativité et à la réalisation de soi.

Il est peut-être bon de répéter que chaque enfant a son rythme de traitement propre qui dépend des facteurs que nous avons déjà cités (notamment lors de l'apparition des régressions). C'est pourquoi il est toujours difficile de fixer le moment où il sera «prêt» lorsqu'on connaît à peine l'enfant et ses difficultés.

11. DÉBUT, DURÉE ET RYTHME DU TRAITEMENT

Nous voudrions ajouter quelques mots à propos de ce «rythme propre de traitement» et de cette «aptitude personnelle» au traitement.

La durée d'un traitement dépend de la nature des difficultés. Si une thérapie brève peut suffire, on lui donnera presque toujours la préférence. On aura parfois l'occasion de résoudre plus tard les problèmes restés en suspens. D'autre part, cette solution peut nous être dictée par les conditions financières des parents.

On observera plusieurs fois (3 à 4) l'enfant dans la salle de jeu avant de décider d'entreprendre une thérapie par le jeu. Une fois le traitement commencé, si on ne constate aucun «changement» après deux mois, c'est à dire environ 8 séances, on envisagera une interruption de la thérapie. Ce «changement» peut aussi bien être constaté à la maison que dans la salle de jeu. Par «changement» nous entendons une modification du comportement ou des symptômes dans le milieu familial ou une modification du jeu ou de l'expression dans la salle de jeu.

Il est important de bien choisir son moment pour faire une thérapie par le jeu. Si l'enfant commence seulement à «s'occuper» de ses conflits et s'il n'y a pas encore d'habitudes clairement formées, une thérapie brève peut suffire mais elle devra être entreprise le plus rapidement possible. L'entreprise rapide d'un traitement peut être souhaitée pour d'autres raisons : un départ imminent pour l'étranger, un examen ou un changement d'école, une forte aggravation des difficultés. Dans tous ces cas, il est préférable de ne pas attendre, même si le thérapeute est fort occupé. D'autre part, il ne faut pas négliger le «moment psychologique». Les parents qui surmontent leur résistance et qui se décident après beaucoup d'hésitations, à consulter quand même un psychologue seront beaucoup moins motivés si on les renvoie en leur disant qu'un traitement n'est pas nécessaire avant six mois.

Chapitre 3
Quelques problèmes pratiques

1. LA COLLABORATION AVEC L'ÉCOLE

Au cours des vingt dernières années, un climat de confiance s'est établi entre le corps enseignant et le psychologue. Cette évolution est très importante car le traitement d'un enfant névrotique demande au professeur de coordonner ses efforts avec ceux du thérapeute. Les deux parties doivent se tenir au courant de leurs constatations mutuelles. La tâche du thérapeute ressemble alors à celle d'un « goodwill-ambassador » qui tente de faire accepter l'enfant non seulement par sa famille mais aussi par l'école malgré son caractère difficile. Seulement, pour obtenir l'entière collaboration de l'école, le psychologue doit, lorsqu'il plaide en faveur d'un enfant, tenir compte de la perturbation qu'un enfant névrotique provoque toujours dans une classe. Je pense ici à un garçon de 10 ans dont les prestations ne correspondaient plus aux capacités suite à de nombreuses tensions familiales. L'école imputait ce mauvais rendement à de la paresse et à de la mauvaise volonté. Une conversation avec le directeur de l'école apporta quelques éclaircissements. Il parla à l'enfant, diminua les travaux à domicile (c'était une des sources de conflits avec les parents) et il prit plusieurs fois l'enfant après la classe pour l'aider à faire son travail. L'enfant sentit qu'on s'intéressait à lui, qu'on croyait à nouveau en sa valeur et il reprit goût au travail. Une thérapeutique par le jeu et des conversations avec les parents l'aidèrent d'autre part à reprendre la bonne voie. Mais il arrive aussi que l'on se heurte à l'opposition de l'école : je connais une école qui refusa toute collaboration lorsqu'elle apprit qu'on commençait un traitement psychologique ! A mon avis, cela dépend beaucoup de l'attitude du psychologue traitant. Il faut s'en tenir à une division des tâches et ne pas vouloir imposer sa loi. Il faut travailler ensemble au bien de l'enfant.

L'enfant doit-il être tenu au courant des contacts entre l'école et le thérapeute ? Cela dépend des cas. Pour les enfants d'enseignement primaire, l'intervention pédagogique est la plus valable. Au niveau de l'enseignement moyen, c'est plus délicat.

Avant de pouvoir donner des conseils à l'instituteur, le psychologue doit s'être fait une idée claire de la situation et pour cela il doit s'être occupé de l'enfant depuis un certain temps. A ce moment, il a acquis la confiance de l'enfant, ce qui fait que celle-ci ne sera pas atteinte si l'enfant rencontre le psychologue à l'école ou s'il est au courant de ces contacts. Parfois même, l'enfant a une réaction de joie telle que : « Je ne savais pas que tu connaissais Mademoiselle ! » De même ce garçon qui se plaignait de son instituteur. Il apprit que je m'étais informée auprès de lui et il me dit : « Vous voyez bien ! Vous avez pu voir vous-même que c'est un "homme pourri" ! » L'expérience m'a appris que la peur d'être trahi, l'impression « qu'ils parlent de moi » est beaucoup moins fréquente et moins subtile dans la situation scolaire que dans la situation familiale, sauf exception, bien entendu. Pour plus de sécurité, on peut d'ailleurs s'arranger pour que l'enfant ne soit pas au courant de ces entretiens. Si malgré tout, l'une ou l'autre chose transpire, on s'en apercevra toujours. On peut aussi préparer l'enfant à ce contact.

Il nous semble sage de suivre la progression vers la guérison non seulement dans les comportements à la maison, mais aussi dans les comportements scolaires : ils sont d'ailleurs souvent parallèles. Ainsi, une petite fille de 8 ans était très mécontente de son milieu et d'elle-même. Cela se manifestait par de l'instabilité d'humeur et de la « maladresse » (elle cassait des quantités de choses à la maison). Le traitement améliora cet état d'esprit mais elle fit une rechute grave lorsque les difficultés matrimoniales entre les parents réapparurent. Elle fut à nouveau négligente et, en outre, vola de l'argent à sa mère. En même temps, son intérêt et son application au travail scolaire disparurent. Elle négligeait ses devoirs et « cochonnait » ses cahiers. L'institutrice tâcha de la corriger en lui donnant du travail supplémentaire, ce qui, bien sûr, ne fit qu'augmenter sa résistance interne. Sous notre instigation, la mère eut une conversation avec l'institutrice, ce qui permit d'éviter le pire. Cette solution nous parut la meilleure car, dans ce cas, nous estimions préférable de laisser à la mère le soin d'établir ce qui pouvait être dit et ce qui devait être caché sur la situation familiale.

Dans ses contacts avec l'école, le psychologue traitant devra insister sur le secret professionnel qui ne lui permet de donner que les renseignements nécessaires. Ceci peut susciter de l'opposition de la part de l'école mais cela dépend en grande partie de la façon dont c'est présenté.

En outre, on devra toujours demander l'accord des parents avant de prendre contact avec l'école. En général, cette initiative est bien accueillie.

2. LA THÉRAPIE SUGGESTIVE

On utilise parfois la *thérapie suggestive* au début d'un traitement. L'enfant y est plus réceptif et elle peut hâter la guérison en avançant la rémission d'un symptôme. Dans le cas d'énurésie nocturne par exemple, il peut être utile d'établir une série de préceptes à suivre sous le contrôle du thérapeute avant de rechercher la motivation profonde par le jeu ou par d'autres méthodes de projection. On prescrira, par exemple, de prendre le dîner chaud à midi et non au soir, de ne plus boire après 16 heures, de se coucher tôt, de s'efforcer de rester sec, de ranger soi-même ses habits mouillés, d'aller régulièrement au W.C. pendant la journée, etc. Tout dépend évidemment du problème posé : dans les cas de « protestations » ou dans les cas à composante hystérique, de tels conseils produiront exactement l'effet inverse.

La suggestion est parfois considérée comme peu scientifique. A mon avis, elle est valable si on s'en sert consciemment. Ainsi, elle sera certainement utile si on désire consolider le MOI d'un enfant. Il faudra évidemment abandonner petit à petit cette suggestion et faire appel progressivement aux propres forces internes de l'enfant. Malheureusement, on ne réalise pas toujours combien on fait usage de cette méthode dans les thérapies d'enfants.

Naturellement, on ne parviendra jamais à une guérison complète et durable par la seule suggestion. Elle est surtout présente dans ce qu'on appelle : « les théories d'encouragement » ou on stimule ainsi les MOI faibles à plus de réalisations et à plus de prestations. Lorsque cette amélioration lui vaudra à nouveau la considération de son milieu, l'enfant apprendra à connaître un certain côté de lui-même et en éprouvera une satisfaction supérieure à celle fournie par le choix de sa névrose. Une fois mis en route, il pourra abandonner sa fixation. Ici aussi, les rechutes et les déplacements de symptômes sont possibles. Ils sont même plus fréquents que lorsque l'on travaille sur la problématique elle-même.

3. LA THÉRAPIE DES ADOLESCENTS

Dans le chapitre I, nous avons distingué le traitement de garçons et de filles plus âgés. Ceci est compréhensible car l'attitude du thérapeute et les techniques de traitement diffèrent de celles d'une thérapeutique d'enfants. Il ne serait donc pas étonnant que la « thérapie des adolescents » devienne un jour une spécialité intermédiaire entre la thérapie d'enfants et le traitement d'adultes.

Nous avons ici affaire à des comportements beaucoup plus changeants que dans toute autre relation thérapeutique. Toute obligation, toute contrainte effraient l'adolescent et le font fuir. Il n'établira un contact valable avec le psychologue que lorsqu'il aura la conviction d'être complètement « libre ». Si l'examen psychologique indique la possibilité d'entreprendre un traitement, il sera donc préférable que ce soit un expert qui en fasse part à l'adolescent et non les parents. Souvent, les jeunes gens comprennent très bien la gravité de leur situation mais ils refusent vigoureusement qu'on les aide, ils désirent « faire ce qui leur plaît ». Malgré les sentiments d'angoisse sous-jacents à cette prise de position, il ne servira pas à grand-chose de continuer ce traitement mal commencé. Tout ce qu'on pourra faire, c'est se tenir à leur disposition au cas où ils « désireraient revenir ». Il faudra aussi beaucoup de souplesse dans la fréquence des consultations. Un bon entretien une fois par mois sera plus fructueux que des contacts maigres une fois par semaine.

Comme nous l'avons déjà dit, les symptômes de l'adolescent en traitement sont très labiles, très « einheitlich ». Il réagit tantôt par un transfert extrêmement intense (positif ou négatif), tantôt par une attitude neutre, presque stable avec prise de distance vis-à-vis de sa problématique et guérison apparente. Dans un traitement d'adolescent, on agira beaucoup moins sur la structure du milieu que dans un traitement d'enfant. D'abord parce que l'enfant plus âgé est capable d'une collaboration consciente et, en second lieu, parce qu'agir en ce sens compliquerait encore la relation avec le thérapeute. Il faudra exposer clairement ces faits aux parents et les leur faire accepter. Comme pour tout traitement, la réussite ou l'échec dépendra de la relation patient-thérapeute.

Il faut aussi être très attentif, dans ces entretiens, à la façon dont l'adolescent vit ses problèmes : il peut les vivre par opposition ou par identification à son milieu, les deux tendances pouvant apparaître consécutivement.

Il est aussi très important de bien faire la distinction entre les symptômes et comportements caractéristiques de la «puberté», relevant donc de la psychologie génétique (bien que leur discussion puisse être utile et fructueuse) et les comportements et symptômes relevant de la psychopathologie. Si le psychologue ne perçoit pas cette différence, il risque d'exagérer ou de minimiser la situation, ce qui entravera le cours ultérieur du traitement. Cela peut même empêcher la guérison de l'adolescent.

Ainsi, lorsqu'on examine l'expression de l'inconscient dans les dessins, les peintures, les céramiques ou dans tout autre matériel, on remarque parfois des symptômes classiquement considérés comme psychotiques. On rencontre souvent, par exemple, des représentations d'horreurs, de ruines, etc., dans les dessins d'adolescents très normaux. En fait, ce sont des manifestations temporaires d'angoisse, d'états de désintégration, de discordance entre le monde des pensées et celui des sentiments. Ce sont des symptômes fréquents à la puberté et souvent l'adolescent en est conscient et en souffre. Tout ce que l'on peut faire, c'est le sortir de son isolement, lui expliquer que ses difficultés sont inhérentes à son âge et qu'il n'est pas le seul à les affronter. Il ne s'agit surtout pas de le confronter sans cesse avec son manque d'accord interne, ni d'alourdir ses sentiments de culpabilité déjà trop intenses. On sera un guide qui l'aidera à se connaître lui-même.

Dans son livre *Le grand garçon*, N. Beets décrit clairement les différentes phases et tendances qui dominent successivement l'adolescent allant du «rejet du passé à l'acquisition du futur».

A mon avis, dans le traitement d'un enfant de cet âge, le thérapeute conscient de ses responsabilités doit toujours tenir compte de ce que la puberté est caractérisée par une atmosphère «d'espérance». S'il déçoit cette dernière ou s'il rationalise trop, il risque de gâter une grande partie des possibilités futures du garçon ou de la fille, et cela même pour ce qu'on appelle la jeunesse moderne.

L'écoute et la prise « au sérieux » des aspirations de l'adolescent permettent d'établir une bonne relation et une collaboration fructueuse.

Les deux caractéristiques de la plupart des traitements d'adolescents sont, comme nous l'avons déjà mentionné :

a) les problèmes sexuels ;

b) l'échec dans l'adoption d'un état de vie.

Elles conduisent toutes deux à des difficultés d'adaptation.

Cela nous mènerait trop loin d'approfondir davantage la psychologie de l'adolescent. Nous renvoyons à la littérature spécialisée sur ce sujet. Le thérapeute ne doit cependant pas centrer toute son attention sur les difficultés qu'éprouvent le garçon ou la fille à intégrer leur vie sexuelle. Il y a aussi l'angoisse et l'insécurité des parents qui craignent trop vite de l'onanisme, de l'homosexualité, de la sexualité libre, etc. Mais nous constatons régulièrement, lors des entretiens avec les jeunes, que les remarques des parents ou leur manque d'explications ne font qu'augmenter l'angoisse et la culpabilité déjà intenses à cet âge. Il est donc superflu d'encore en ajouter en agissant comme eux. Quelques conversations éclairantes peuvent à elles seules accomplir des miracles.

4. LE TRAITEMENT D'ENFANTS ADOPTIFS

Le concept « enfant adoptif » n'est pas clairement défini dans la littérature. On le considère tantôt comme un corps étranger, tantôt comme un enfant ordinaire et on laisse entendre alors que son éducation n'offre aucune difficulté particulière. Souvent aussi on néglige la différence existant entre les familles adoptives qui ont leurs propres enfants et celles sans enfant à l'origine.

La thérapie d'enfants adoptifs mérite notre attention car il n'en viendrait pas autant chez le psychologue s'ils n'offraient aucune difficulté particulière. Quand les parents adoptifs se décident à recourir à un psychologue, ils éprouvent souvent des sentiments peu agréables. Nous avons relevé les difficultés suivantes lors des entretiens avec eux.

Les parents adoptifs considèrent que l'hérédité est un obstacle infranchissable. Ils tâtonnent souvent dans le vague, surtout s'il s'agit d'enfants de mère célibataire. Dans ce dernier cas, on voit très vite apparaître de l'angoisse, parfois présente auparavant à l'arrière-plan. Les parents se disent : « La mère n'était pas très sérieuse, le caractère de l'enfant ne saurait donc être des meilleurs. Toutes nos tentatives d'éducation seront plus ou moins vouées à l'échec. » Ainsi, plus que chez les parents ordinaires, les déceptions seront attribuées à l'hérédité.

Il en va naturellement autrement pour l'orphelin qui devient enfant adoptif.

Le second inconvénient est moins facilement discernable car il est enfoui plus profondément dans le psychisme des parents adoptifs. Ils doutent, ils hésitent beaucoup plus que les parents ne le font pour leurs propres enfants. Ce doute fait surface lorsque les difficultés se présentent, lorsque l'enfant réagit névrotiquement et se montre tout différent de ce qu'on avait espéré. L'hésitation se concrétise alors de plus en plus dans la question : « Etions-nous bien obligés de prendre cette décision ? — N'aurions-nous pas mieux fait de laisser les choses comme elles étaient ? — Pourquoi avoir pris cet enfant chez nous ? — Etions-nous capables de l'élever ? » Parfois même ils en arrivent à se demander : « Ne pourrions-nous pas redevenir comme avant ? » Quand ils en sont là, l'enfant adopté risque de remarquer qu'on ne tient plus tellement à sa présence et que si cela continue il ne lui restera même plus l'espoir de s'améliorer. La relation parents-enfant, déjà si fragile dans cette situation, se trouve définitivement endommagée. Dans ce cas le pronostic sera très douteux.

Par suite de ce que nous venons de dire, ces enfants éprouvent généralement plus de difficultés à établir une relation de confiance dans la salle de jeu que les autres enfants névrotiques. Leur problématique personnelle dépend naturellement des raisons pour lesquelles ils sont devenus enfants adoptifs.

Ces enfants expriment rarement de l'insatisfaction vis-à-vis de leur famille mais ils ont souvent l'impression « que leur ingratitude leur vaudra d'être rejetés ». Ce sentiment est surtout fréquent chez les enfants qui ne furent pas adoptés dès leur naissance et il n'est pas nécessairement provoqué par l'attitude des parents. L'angoisse, l'insécurité est inhérente à leur situation, elle est valable pour tous quasi sans exceptions. Quand un enfant fait son entrée dans sa nouvelle famille, on constate souvent qu'il tâte l'atmosphère, qu'il essaie de se rassasier d'amour, d'attentions et d'avantages matériels. Ces enfants sont généralement très gourmands au début. Il faut en tenir compte et ne pas accepter trop vite l'enfant adoptif en traitement. Il vaut mieux attendre un peu et voir si quelques conseils aux parents ne suffiront pas à faire disparaître les symptômes (*cf.* chap. I., p. 14, *Conseils pour l'éducation*).

Les enfants qui savent que leurs parents adoptifs ne sont pas leurs propres parents, ignorent le plus souvent qui étaient leurs parents réels et pourquoi ils ne se sont pas chargés de l'éducation de leur enfant. Cette ignorance alimente un sentiment d'insécurité : en effet, si un couple parental peut vous abandonner, il n'y a aucune raison pour que le suivant ne le fasse pas ! Lorsqu'un conflit apparaît, il se peut aussi que l'enfant pense que ses propres parents l'auraient traité d'une autre manière. Cette idéalisation des parents véritables est très fréquente. Dans le traitement de ces enfants, on se heurte souvent à des sentiments de vengeance profondément enracinés et dirigés à la fois contre les parents réels et le milieu d'adoption. Plus l'enfant est adopté jeune, moins il y a de chances que de tels sentiments apparaissent, bien qu'il puisse y avoir une résurgence à la puberté, au moment où l'enfant s'interroge sur lui-même.

Pour traiter ces cas, on exige donc le maximum de tact de la part du thérapeute. Il ne doit pas oublier que cette nouvelle relation enfant adoptif-thérapeute vient encore compliquer la situation. Il ne doit pas non plus perdre de vue que les parents ont eu une raison pour adopter l'enfant. Dans certains cas, il est possible qu'ils aient mis leurs derniers espoirs dans l'adoption. Dès lors, si tout ne se passe pas comme ils l'avaient souhaité, leur déception est très intense.

Le facteur gâterie et son opposé interviennent aussi. Les parents se disent : « Cet enfant a déjà tant souffert ! » ou « Il faut faire attention à ne pas trop le gâter ! » Dans les deux cas, ils ont très peur que l'éducation soit un fiasco. Finalement, lorsqu'ils ont éprouvé beaucoup de déceptions, on voit apparaître la pensée beaucoup plus profondément enracinée : « Voilà, maintenant nous avons TOUT fait pour cet enfant et il n'a même pas un soupçon de reconnaissance. »

La tâche du thérapeute consiste à établir plus profondément la confiance entre les parents adoptifs et l'enfant. Il veille surtout à arrondir les angles. Les parents adoptifs doivent être aidés dans leur travail d'éducation. On doit les informer sur l'enfant et les rassurer là où c'est possible. On doit leur donner une meilleure compréhension de la structure caractérielle de l'enfant, génétiquement différente de la leur, leur indiquer ses capacités intellectuelles pour qu'ils n'en exigent pas trop.

Au cours du traitement, l'enfant ne doit pas avoir l'impression qu'on lui tire les vers du nez. Au contraire, on lui donnera la possibilité de se libérer de ses anciennes oppressions et de ses souvenirs. Dans la plupart des cas, l'accent porte surtout sur les entretiens avec les parents et non sur les heures de traitement de l'enfant. Le traitement d'enfants adoptifs est donc avant tout une aide temporaire pour leur éducation.

Chapitre 4
Analyse de cas

INTRODUCTION

Pour donner une image aisément compréhensible des cas envisagés, nous nous sommes limitée aux données psychologiques (anamnestiques) essentielles et avons résumé les principales caractéristiques de chaque enfant dans un tableau succinct précédant le compte rendu de chaque traitement.

Seuls les cas non explicites se terminent par une conclusion.

Au moment de choisir les cinq cas à insérer dans cet ouvrage, nous fûmes confrontée avec la difficulté de trouver non seulement des exemples illustrant la méthode mais aussi les différentes catégories d'enfants « traitables » (parmi ceux cités dans le premier chapitre, nous avons volontairement omis « les entretiens avec les adolescents » parce que tel n'est pas le but essentiel de cet ouvrage). Nous nous sommes efforcée d'écarter les cas trop spectaculaires car, en pratique, ils sont très rares, et nous avons opéré notre sélection en raison de la clarté des images ludiques présentées. Nous tenons à insister sur ce critère de sélection, afin d'éviter, chez un thérapeute débutant, un découragement trop rapide, lorsqu'il constatera que ses enfants ne lui livrent pas une production ludique aussi aisément interprétable. Ainsi, certains enfants ont une activité très dispersée où apparaît sporadiquement un matériel expressif ou peu d'abréaction. Leur jeu est peu cohérent et sa symbolique difficilement interprétable, ce qui rend la discussion très difficile.

Exemple I

C'est la cas d'une petite fille de quatre ans dont l'éducation ne tint pas compte de sa structure de caractère. Il en résulta une jalousie pour un frère plus jeune accompagnée de fortes tendances régressives et d'autres symptômes nerveux. Dans cet état, elle ne se situe cependant qu'aux avant-portes de la névrose. Menacée dans son besoin de sécurité et gênée dans son développement il nous a semblé que la thérapeutique suivante pourrait l'aider :

a) une ludothérapie *courte*, accompagnée

b) d'entretiens avec les parents portant sur les aptitudes et les méthodes d'éducation qui en dépendent. Donc, essentiellement des avis pédagogiques.

Exemple II

Il s'agit d'un petit garçon de 7 ans victime de la mésentente entre les parents. Un départ imminent à l'étranger nous obligea à travailler dans un laps de temps très réduit. Ceci est donc un exemple de *traitement très court* qui exige du thérapeute une *attitude* beaucoup plus *directive* que de coutume.

Outre la thérapie par le jeu, le psychologue tenta de faire prendre conscience aux parents des causes qui pouvaient leur être imputées dans le comportement de l'enfant. Ceci ne fut possible que par l'interprétation du jeu de l'enfant. Il s'agit donc d'un traitement très court couplé d'une thérapie d'interprétation à l'usage des parents.

Exemple III

Il constitue une illustration de la manière dont un enfant psychiquement sain au départ (un garçon de 9 ans) peut, sous l'influence d'un traumatisme grave dans les premières années, être troublé dans son adaptation et son développement. C'est donc un enfant névrotique.

Dans ce cas, les événements traumatiques non intégrés sont exprimés, revécus et assimilés dans un jeu très clair.

Bien que les conditions du milieu ne soient pas exactement celles que nous aurions souhaitées pour cet enfant, nous avons estimé que le seul traitement nous donnerait des résultats satisfaisants.

Ceci est donc un exemple d'une *très longue thérapie d'enfants* avec une *influence minime sur le milieu*.

Exemple IV

Il s'agit d'un garçon de 10 ans présentant un retard manifeste. Nous l'avons choisi car il constitue la démonstration d'un échec dans le traitement d'un enfant «traitable». Lorsque nous avons entrepris ce traitement, nous n'avons pas suffisamment tenu compte de ce que le milieu ne possédait ni l'endurance, ni la compréhension nécessaires pour apporter sa collaboration. Dans ces conditions, l'aide apportée à l'enfant se révéla plus nuisible qu'utile. Dans ce cas-ci, le thérapeute ne s'est pas suffisamment informé de certaines données anamnestiques : il a supposé trop facilement qu'une fois le traitement commencé et les premiers résultats atteints les parents «marcheraient d'eux-mêmes». Il a oublié combien l'enfant en opposition avec son milieu est, en fait, dépendant de celui-ci, de sorte que les progrès acquis au cours du traitement n'avaient aucune valeur au regard de son comportement névrotique visible. C'est un exemple d'une *longue thérapie* (un échec donc) où il n'y eut *pratiquement aucune influence exercée sur le milieu*.

Exemple V

Pour être complet, il ne nous manque qu'un exemple de «participation mystique». L'induction de la problématique des parents sur la vie affective de l'enfant est en fait tellement courante dans la pratique psychologique que l'on compte dessus et qu'on hésite pas à en faire usage. Ce n'est cependant pas facile de la saisir dans un traitement. Ce cas décrit une petite fille de neuf ans vivant trop intensément la vie de sa mère au point d'être quasi totalement impliquée dans sa problématique et d'oublier de vivre sa vie d'enfant. Dans ce traitement, l'accent porte surtout sur les entretiens avec la mère. Nous pouvons donc parler d'un *traitement du milieu*. Nous avons cependant effectué une *petite ludothérapie* pour délivrer la fillette du poids de ses problèmes.

CAS I : MARIANNE

Motifs de la consultation

Marianne, 4 ans, donne de graves soucis d'éducation à ses parents. Elle a notamment, nous dit la mère, un regard si tourmenté. Elle s'entend difficilement avec son petit frère Paul, deux ans. Elle fait des crises de larmes, la nuit, et se ronge les ongles.

Particularités de la famille

Les parents sont aisés. Le père, 36 ans, est mathématicien; la mère, 33 ans, est la figure dominante dans la famille. Le fils de deux ans ne pose aucun problème particulier. Le père supporte difficilement Marianne, il accepte beaucoup plus de la part de Paul, d'un naturel plus facile. Marianne exigea, dès sa naissance, beaucoup plus de soins que Paul. Le père critique le comportement de Marianne et trouve la mère trop conciliante. Résultat : Marianne fait la sourde oreille.

Scolarité

Marianne fréquente depuis deux mois l'école gardienne, ce qui provoque des drames chaque matin au moment de la séparation avec la mère.

A l'école, elle est peu productive et ne se mêle pas beaucoup aux autres enfants.

Particularités physiques

Naissance normale. Nourrie par la mère jusque 2 1/2 mois. La nutrition et la croissance furent très rapides dans les premiers stades. Elle commença à parler à un an et fut propre à deux ans. Le développement ultérieur fut normal.

Maladies d'enfance : rougeole à 2 1/2 ans.

Santé générale bonne, sauf quelques plaintes de maux de ventre, de temps à autre, restées inexpliquées par le pédiatre.

Depuis quelques temps, elle est très chagrine aux repas, elle pleurniche : « Je n'aime pas ça », etc. Finalement, la mère l'aide à finir son assiette.

Antécédents parentaux

La relation entre le père et ses parents était tendue; il fut élevé sévèrement, nous dit la mère, et refoule, à présent, toutes questions d'ordre affectif. Il souffre, en outre, de maux d'estomac. La mère, par contre, avait un chez-soi agréable; elle s'entendait très bien avec sa mère et sa sœur cadette. Elle ne voyait pas beaucoup son père car celui-ci était navigateur, mais sa relation avec lui était bonne.

Jeux

Marianne joue très peu avec des poupées.

Elle ne sait pas très bien comment occuper son temps, elle taille de petits habits, enfile des perles, dessine...

Elle exige que sa mère s'occupe tout le temps d'elle.

Autres particularités

A la naissance du petit frère, Marianne traversa une période difficile : elle était jalouse quand elle voyait Paul téter et à cette époque déjà se plaignait de maux de ventre. Un jour, elle approcha un tisonnier rougi des yeux de son petit frère. C'est à cette époque que Marianne commença à se ronger les ongles, à manifester de légères tendances à la masturbation et à s'exprimer dans un langage «bébé».

Principales données de l'examen psychologique

L'*âge mental* de Marianne est de cinq ans neuf mois, elle est donc en avance de deux ans sur son âge réel. Ceci est déjà très *significatif*.

Pour ce qui est des *facteurs caractériels* : elle semble être une enfant persévérante qui se place au centre de toute chose, « qui n'abandonne pas volontiers ce qu'elle s'est mis dans la tête ». Elle tolère difficilement la présence d'un rival : elle est du type dominateur et d'un naturel conservateur. Elle est en outre très spontanée, avec un grand besoin d'expansion et d'action.

Lors de l'examen, Marianne semble être frustrée dans sa vie affective. Il lui manque quelque chose et elle ne peut le « digérer ». Cette frustration donne naissance à une foule de symptômes inconscients : ronger ses ongles, terreurs nocturnes, plaintes au sujet des maux de ventre, difficultés pour manger, etc. Le développement est peu homogène et son comportement nous fait penser à un début de névrose infantile.

On ne procéda pas à un *examen médical*, Marianne ayant été régulièrement suivie par un pédiatre, dès l'apparition des maux de ventre et des crises de larmes. Celui-ci ne releva aucune cause organique.

Conclusions

On doit donner à Marianne, plus de possibilités d'expansion et d'expression. Les interventions éducatives, doivent, autant que possible, nier les cotés négatifs de sa personnalité. Il faut lui accorder beaucoup de tendresse. Le père devrait modifier son attitude vis-à-vis de Marianne. L'attitude de la mère devrait, elle aussi, devenir plus naturelle. Le traitement par le jeu, accompagné d'un counseling régulier des parents facilitera cette modification d'attitudes.

Marianne vint régulièrement une heure par semaine, de septembre à Noël. Elle ne manqua qu'une seule séance pour cause de maladie.

1re heure :

Elle s'oppose farouchement lorsqu'elle doit m'accompagner sans sa mère : crise de larmes.

Une fois entrée, cependant, elle s'intéresse très vite à la maison de poupées où j'avais mis en scène une famille semblable à la sienne : un papa, une maman, un petit Paul et une Marianne. Elle apporte tout de suite une correction : « Il doit y avoir deux Paul, un gentil et un méchant. N'as-tu pas de poubelle ? » Le méchant Paul est jeté dans la poubelle avec la remarque : « Les bébés doivent aller là-dedans. » (Sa jalousie est antérieure à la naissance de Paul.) Toutes les poupées restantes sont mises au lit ; Marianne à côté de la mère, le père doit dormir en bas, au salon. Le gentil Paul est malade et soigné par une infirmière dans la chambre d'enfants. Une bonne-maman habite la maison voisine. A la fin de la séance, avant son départ, elle sort le méchant Paul de la poubelle et le met dans la baignoire, « la tête sous l'eau ».

2e heure :

Très animée, elle m'accompagne à la salle de jeu et dit : « Je ne pleure pas, hein. C'est parce que tu me donnes la main et que la première fois je ne te connaissais pas encore. »

Elle se dirige tout de suite vers la maison de poupées. « Où est-il ce méchant ? Oh ! Il est toujours dans son bain, il doit être glacial maintenant. C'est dans la poubelle qu'il doit aller et puis mort et puis derrière ces portes ; comme ça ! car il est si difficile, il ne nous laisse jamais tranquille. » Ainsi se termine (momentanément) cette histoire.

Elle fait ensuite des pâtés dans le sable, est un peu angoissée et devient difficile.

Elle passe aux fléchettes : « Mais alors, il y aura des trous dans ces poupées » (elle désigne ainsi les figures servant de cibles).

Elle prend ensuite la boîte avec les animaux : « Ce tout grand (bison), c'est le père et il mange tout le monde et celle-ci, c'est la mère-vache, et elle vient se placer entre les deux, comme ça, il ne peut plus les atteindre ! »

Elle associe ensuite : « Chez nous, c'est papa le chef de la maison. »

3ᵉ heure :

Maison de poupées : « Oh ! il y est encore, nous le laisserons toujours là, ce méchant Paul, hein ? Sais-tu comment il fut tué ? Qui avait fait ça ? C'étaient les *chasseurs* qui avaient fait ça, hein ! Mais pas ce gentil tu sais. »

« Papa doit partir, il n'est pas là. N'as-tu pas une plus jolie maman ? Je trouve que celle-ci n'a pas un regard gentil ! » — Voilà, les voilà tous bien ensemble : Maman sur la chaise, Marianne dans le cheval à bascule, à côté de la chaise de la mère et bébé-Paul (!) est assis par terre et joue. »

Quelques instants plus tard, elle remarque le biberon et dit : « Ça, c'est pour les bébés, mois je n'en suis plus un, tu sais ! Les grands enfants boivent ainsi, regarde ! » — et elle enlève la tétine.

Puis, spontanément, elle me fredonne une chanson.

Elle pose l'agent de police, qui se trouvait à coté du poteau de signalisation sur celui-ci (et démontre ainsi son besoin de valorisation).

4ᵉ heure :

S'assied et fait des puzzles, travaille très rapidement.

Puis se dirige à nouveau vers la maison de poupées. Prend une des poupées-garçons : « Était-ce le méchant ou le gentil Paul ? (confusion) » — Moi : « Le méchant était-il mort ? » — « Oui, où sont les chasseurs (= les soldats) ? Ils vont le tuer encore une fois, pang-pang. Maintenant, il n'a qu'à retourner dans la poubelle. » Elle laisse la poubelle devant la maison de poupées. Moi : « Est-ce que nous replaçons la poubelle derrière ? » — « Non, ce n'est pas nécessaire, laisse. »

Remarque : « Mon papa est très fort, aussi fort qu'un rat. »

Finalement, elle va tripoter dans le bac à sable. A présent, elle n'a plus peur de se salir.

5ᵉ heure :

On joue avec les petites autos qu'elle laisse passer, mi-angoissée, mi-triomphante, au feu rouge. «On ne peut pas, hein?» Je lui dis «Tu n'as qu'à dire que je te l'ai permis.» Elle répond : «Non, c'est cafarder.»

«Maman a exactement les mêmes boucles d'oreille que toi, ma maman est gentille. Mon papa ne l'est pas, il me donne toujours la fessée quand je taquine Paul. Paul me taquine aussi, tu sais!» — Rit — «Mais moi, encore un peu plus.»

Elle fait une petite poupée d'argile verte et blanche avec un costume bouffon : «Ça, c'est un joyeux petit gars.»

6ᵉ heure :

Elle joue d'abord avec de l'eau et de sable.

Elle passe ensuite à la maison de poupées :

Toutes les personnes sont nommées après les autres... le gentil Paul comme le méchant Paul peuvent jouer avec : «L'un des Paul est dans le cheval à bascule, il n'est plus un bébé, tu sais!» (encore de la jalousie?); l'autre joue par terre. Maman va repasser et Marianne l'aidera.

Lors de la discussion du traitement avec les parents, on prend quelques décisions transitoires sur l'attitude à adopter. Le père ne se laisse pas convaincre des qualité de Marianne mais la mère voit clairement la voie éducative à suivre.

Suite à cela, Marianne devient plus spontanée à l'école et se mêle beaucoup plus volontiers aux autres. «A la maison», nous dit la mère, «elle est plus gentille, même avec Paul qu'elle prend parfois près d'elle dans son lit. Elle joue à la grande sœur avec lui.» Le père accepte un peu mieux Marianne. Les crises de larmes nocturnes apparaissent encore mais plus sporadiquement. Elle ne se plaint presque plus de maux de ventre.

7ᵉ heure :

Très vivante, elle s'attelle à un puzzle (on passera tranquillement son temps ensemble, n'est-ce pas?). Mais je ne peux y mettre un doigt et quand il me faut répondre au téléphone, elle crie à tue-tête, m'attrape par la main et m'attire vers la table.

Elle dit : « Je suis la petite préférée de maman, et pour toi, que suis-je ? » Je réponds : « Une petite amie. » — « Oui, dit-elle, c'est comme Paul et bonne-maman pour moi. »

Elle court ensuite vers la maison de poupées : « Est-il encore là-dedans ? » Je lui réponds : « Non, ne jouait-il pas dans la pièce ? » Elle poursuit : « Oh oui ! on peut le laisser là. » Je lui suggère alors : « Regardons un peu son visage, pour voir s'il est gentil ou méchant ! » Je tiens les deux poupées l'une à côté de l'autre (elles sont rigoureusement identiques). Elle réfléchit longuement et déclare dans un soupir : « Gentils tous les deux ! »

Je lui demande ensuite « Jouerons-nous encore avec ces petits Paul ? » Elle répond : « Oui, avec celui-là. » C'est le Paul qui était primitivement gentil. Elle poursuit : « Car celui-là m'a tellement taquinée. » Elle ne sait pas encore liquider ses sentiments négatifs pour son petit frère, ce serait d'ailleurs trop beau !

A la fin de la séance, elle exprime le désir de jouer aux fléchettes. Je lui demande : « Qui est-ce qui commence ? » — « Moi, moi, oh non, toi, car tu es la plus âgée. » Ceci constitue une grande victoire sur elle-même.

Marianne est absente à la séance suivante. Son petit frère est malade et la mère se trouve ainsi dans l'impossibilité de nous la conduire.

Marianne nous est amenée par sa grand-mère.

Le langage « bébé », presque disparu ces derniers temps, fait une réapparition.

Elle saisit le biberon, joue avec de l'argile... mais il n'y a rien de formel. Les animaux sont sortis de leur boîte, mais on ne joue pas avec eux.

Marianne est d'humeur chagrine, je la mène vers la maison de poupées. Elle demande : « Où est ce méchant Paul ? » — Je le sors de la boîte — « Ici, sale gamin, tu retournes dans la poubelle. Oh non ! on va te foutre dans le garage. Voilà, on ferme la porte. » A ce moment je dis : « Quand les petits frères sont malades, tu ne les trouves pas gentils, hein ! » — « Non, il est méchant, il a tout le temps besoin de maman. »

9ᵉ heure :

Le petit frère va mieux. On ne s'intéresse pas à la maison de poupées, mais on joue, avec beaucoup de conviction, avec une pelle dans le bac à sable. On passe ensuite à un jeu de construction : « Tous les grands enfants font ça, n'est-ce pas ? »

Je ne parviens pas à éveiller son intérêt pour la maison de poupées. Cette heure me semble être neutre.

La mère me raconte que Marianne fut plus bougonne et geignante pendant la maladie de Paul. Elle recommença à se ronger les ongles, ce qui avait quasi disparu ces derniers temps. Cela alla cependant mieux après que j'eusse conseillé à la mère de jouer avec elle, « de la laisser, elle aussi, être une petite infirmière ».

Au cours de cette période, le père s'occupa de Marianne beaucoup plus que d'habitude. Ceci est une grande amélioration.

10e heure :

Marianne court tout de suite vers la maison de poupées : « Voilà, je les mets tous assis, ils vont manger : une maman, un papa, une Marianne et ce Paul-ci. » Moi : « N'as-tu pas besoin de l'autre ? » — « Non, oh ! Attends ! Dépose-le ici près de moi. »

Cela donne naissance à un jeu normal, animé, où tous les personnages vaquent à leurs activités quotidiennes : Maman repasse et fait le ménage, Marianne l'aide (en réalité, j'ai conseillé à la mère, de laisser Marianne l'aider un peu plus, ce qui lui fait grand plaisir) et Paul joue. Puis, Marianne va à l'école, « car elle est déjà grande, hein ! » — Moi : « Si elle préfère rester à la maison, elle peut rester. » — « Non, elle doit quand même devenir quelqu'un de bien ! » On ne souffle mot de Paul. Le Paul-de-réserve reste inemployé.

11e heure :

On reprend le même jeu que la dernière fois, à la seule différence que Marianne va à la « grande école » et mène Paul, par la main, à l'école gardienne, « Parce que celui-ci est encore si petit. » On ne fait plus mention de méchant ou de gentil. A ce moment-là, je lui demande, pour la mettre à l'épreuve : « Et que faisons-nous du méchant Paul ? » Elle répond : « Ils étaient quand même gentils tous les deux. »

Il est remarquable de constater, nous dit la mère, combien, à présent, Marianne est gentille et dynamique à la maison. On lui accorde aussi beaucoup plus d'espace, ce qui est bien nécessaire pour une fillette aussi expansive. Le père accepte plus volontiers ce qu'il appelle la « dictature de Marianne », car il sait que celle-ci est liée à une structure caractérielle donnée allant de pair avec d'excellentes capacités intellectuelles.

Marianne nous rend visite encore quelques fois. Pendant ces séances, elle choisit de préférence des jeux sensori-moteurs. Les jeux de rôles apparaissent beaucoup moins fréquemment.

Nous gardons un contact téléphonique avec la mère après la fin de la cure. Celle-ci trouve que tout continue à bien marcher : «Elle est bien de mauvaise humeur de temps à autre, mais nous avons retrouvé notre bonne vieille Marianne.»

Après quelques temps apparut une nouvelle difficulté : en effet, Marianne avait centralisé toute l'attention sur elle, pendant la durée du traitement. Elle avait aussi joui d'une plus grande liberté de mouvements, de sorte que ce fut bientôt au tour du jeune frère de se sentir frustré. Bien que cette réaction fut prévue, l'attitude de plus en plus provoquante du jeune garçon nous obligea à constater un équilibre trop perturbé pour espérer une solution sans intervention. C'est une symptôme qui apparaît souvent après chaque traitement.

Quelques conseils et une distribution plus équitable de l'attention parvinrent à remédier rapidement à cet inconvénient.

La réussite de cette thérapie est due en grande partie à l'intelligence de l'enfant, à l'attitude positive des parents vis-à-vis du traitement et à leur disposition à suivre les conseils pédagogiques.

CAS II : WIM

Présentation

Wim, sept ans, vient de rentrer de l'hôpital où on lui a ôte les amygdales. d'après le médecin de famille, celles-ci auraient été la cause de ses plaintes : mauvaise humeur et manque d'appétit. Dès son retour à la maison, il y eut de nouvelles scènes, nous dit la mère, parce qu'il ne voulait ni se laver, ni s'habiller lui-même et parce que sa petite sœur touchait à ses jouets.

Motifs de la consultation

La mauvaise humeur et le manque de stabilité de Wim. Dès que quelque chose lui déplaît, il boude.

Caractéristiques du milieu
(telles qu'elles sont apparues lors de l'anamnèse)

La famille se compose du père, de la mère, de Wim et d'une petite fille de cinq ans. Le père et la mère sont âgés respectivement de 35 et 33 ans.

Wim a toujours exigé beaucoup de soins et d'attention, il n'a cependant jamais été un garçon réellement difficile, d'après les parents. Ce n'est que ces dernières années que les plaintes ont fait leur apparition. Il apparaît clairement que Wim est jaloux de sa petite sœur, une petite ambidextre dont les prestations dépassent souvent celles de son frère, et qui est, de plus, beaucoup plus attirante.

L'entente conjugale ne semble pas des meilleures. Le père, juriste, a terminé ses études très jeune. Il doit assumer de grosses responsabilités et il « doit se tenir à cran ». Avec les enfants, il n'a pas autant de patience que la mère, surtout en ce qui concerne Wim. Il accorde bien, de temps à autre, un coup d'œil rapide au garçon mais il supporte très mal « qu'il reste bébé aussi longtemps ». La mère nous exprime se conviction de voir tout s'arranger avec Wim « si son père adoptait une autre attitude à son égard ».

Après l'examen psychologique, nous conseillons une thérapie par le jeu qui est acceptée par les parents.

La situation familiale est la suivante : les parents eurent tous deux une jeunesse normale. Le père est l'aîné de trois garçons et fut éduqué assez sévèrement. La mère avait une sœur plus âgée qu'elle, elle perdit son père à l'âge de dix ans, mais elle n'eut pas à souffrir matériellement de cette situation. Les parents se connaissent depuis l'enseignement moyen.

Scolarité

Il n'y a pas de plaintes particulières au sujet de la scolarité de Wim. C'est un élève moyen, ses prestations sont cependant peu stables. Lors de son entrée à l'école primaire, il a exprimé plusieurs fois le désir de retourner au jardin d'enfants qu'il avait fréquenté pendant deux ans. Wim n'a pas d'amis stables, mais il amène régulièrement l'un ou l'autre compagnon à la maison. Il ne peut cependant en supporter grand-chose.

Naissance : normale.

Développement : normal.

Résumé de l'examen psychologique

Wim possède des capacités moyennes, offrant, en ce qui concerne l'intelligence et le caractère, des possibilités de développement harmonieux. Il apparaît qu'il s'enferre pour le moment, dans un comportement névrotique. Ses prestations restent insuffisantes. Cette attitude contraint ses éducateurs à prendre certaines sanctions qui renforcent encore l'opposition de Wim. Nous prescrivons un traitement par le jeu pour aider l'enfant à sortir de cette interaction désagréable, traitement qui nous permettra, en outre, un counseling régulier des parents.

Examen médical

Wim est en bonne santé. Pour le moment, il manque un peu d'énergie.

Le traitement

Nous commençons le traitement quelques semaines après l'examen psychologique. Nous n'avons cependant pas beaucoup de temps devant nous. En effet, le père a accepté une nomination pour l'étranger et la famille partira dans quelques mois (nous avions été avertie de cet état de choses avant le début du traitement). Pour cette date, nous devions avoir aidé Wim à résoudre ses difficultés, de telle sorte que, par la suite, les parents soient en mesure de maîtriser seuls la situation. Nous avons estimé qu'il nous était possible d'atteindre ce résultat.

Naturellement, en si peu de temps, nous ne pouvions pas envisager de réviser la relation entre les deux époux. Nous nous trouvions donc devant le choix suivant : n'accorder aucune aide (et nous ne pouvions affirmer que les parents trouveraient les mêmes possibilités de traitement à l'étranger) ou nous contenter de fournir une aide partielle en prenant Wim en traitement. Nous avons espéré alléger ainsi les tensions à l'intérieur de la famille.

1e heure :

Wim inspecte d'abord la salle de jeu et tout particulièrement les animaux.

Il exprime ensuite le désir de pouvoir achever un dessin commencé dans la salle d'attente. C'est un dessin conventionnel : une maisonnette, une petite poupée, une clôture, une prairie, le soleil et en haut à gauche, il y a un avion dans le ciel. il nous faut cependant remarquer que tout «tend vers le haut» et que la poupée, placée au centre du dessin, domine par ses dimensions.

On passe ensuite au jeu de fléchettes : « Toutes les poupées reçoivent une injection », dit-il. Il ne lance pas fort, mais avec une satisfaction évidente. Puisque nous ne disposons pas de beaucoup de temps, je le conduis vers la maison des poupées en leur donnant les noms de la famille de Wim et j'y ajoute un bébé.

On assiste alors au jeu suivant : Bonne-maman contemple la famille qui entre dans la maison, Wim est le dernier. Le bébé est malade, Wim place une infirmière (il l'a demandé) au chevet du bébé (nous pouvons mettre ceci en relation avec sa propre maladie ou l'interpréter symboliquement). Ensuite, « papa et maman vont au jardin zoologique » — on sort tous les animaux — « les animaux sauvages doivent aller dans une cage dont la porte ferme à clef, sinon ils pourraient en sortir ».

2e heure :

On commence par la maison de poupées : « C'est un hôpital pour enfants ! Le bébé est le plus malade, il a un cancer. Mon grand-père a eu un cancer et mon père l'aura aussi. C'est écrit dans le journal. Tu l'attrapes quand tu fumes beaucoup, mais il le fait quand même, bien qu'il l'ait lu dans le journal ! »

Un incendie éclate; tout est sauvé. « C'est arrivé parce que les enfants ont joué avec l'électricité. » Toute la maison de poupées est vidée. Wim ne la remet pas en ordre. Le jeu s'arrête ici.

Il prend un petit marteau, se fait mal au doigt et se montre ensuite très délicat : il le suce ostensiblement, sans arrêt, quasi fanatiquement.

On passe ensuite au théâtre de marionnettes : Catherine et Jean Klaas sont en scène. Un agent, envoyé par le roi, vient chercher Jean Klaas. Celui-ci refuse de le suivre. Entre-temps le diable est arrivé chez le roi et l'a mis K.O. Je commente : « Voilà le roi qui s'en va. » Il me lance dans un aboiement : « Toi, ferme-la. » — « Le roi riposte et c'est lui, à présent qui met le diable K.O., mais il n'est pas mort. Ces deux-là (bonne et mauvaise puissance) continuent à se battre. C'est un mauvais diable (!), il va frapper sur ce machin-là (enclume) et faire beaucoup de bruit pendant le sommeil du roi; la nuit, surtout, il joue au fantôme et vient le taquiner. »

Seconde partie : Le roi demande à Jean Klaas de guérir la princesse qui a été piquée par une guêpe. Jusqu'à présent, personne n'est parvenu à la guérir. Jean Klaas répond : « Non, moi non plus ! » — « Je ne sais, ni ne veux la guérir.» Le roi et Jean Klaas commencent alors à se battre (Cette dernière partie de la représentation nous fait songer à l'attitude du père de Wim qui lui demande régulièrement d'être gentil avec sa petite sœur, «ce qu'il ne veut et ne peut pas faire»!).

3e heure :

Théâtre de marionnettes : Le diable tire avec un pistolet à eau. Jean Klaas le lui prend et le tue. A ce moment, Wim, — en indiquant la salle de jeu — dit : «Pourquoi n'y-a-t-il qu'une seule personne? Il doit y avoir beaucoup d'enfants, sinon ils ne jouent pas», et il interrompt le jeu. Je lui explique, alors, que chaque enfant vient seul dans la salle de jeu. Comme ça, il peut jouer avec tout à la fois sans que les autres se trouvent sur son chemin. Je parviens ainsi à le ramener au théâtre de marionnettes où il poursuit, à ma demande, le jeu de la dernière séance.

«Jean Klaas reçoit des pilules ensorcelées (il a donc une solution, donc, en réalité, Wim veut bien changer) et Jean sait, à présent, guérir la princesse. Voilà, c'est fini et tout le monde est content. Oh non! Ce n'est pas encore fini, la princesse dort, il fait nuit et le diable et le fantôme viennent hanter sa chambre, ils lui font peur!!!» il semble que ceci constitue une concession. Le jeu suivant le laisse supposer aussi.

Il découvre les masques. Je dois être un tigre, lui sera chasseur. Il fait un visage furieux. Puis rit à gorge déployée quand je mime la peur au moment où il me vise avec son fusil. Il inverse ensuite les rôles : il est un loup et je suis un chasseur. Il met son masque et décharge une dose importante d'agressivité. C'est lui qui attaque, me prend, me bat, me mange, me tue deux fois, et ajoute à ce moment : «Je jouerai encore au loup tantôt.»

Je lui demande alors : «En tant que garçon (et non pas en tant que loup) n'es-tu pas fâché de temps à autre?» — «Oui» — «Et sur qui?» — «Sur ma petite sœur» — «Pourquoi cela, est-ce une sœur embêtante?» — «Non, elle ne l'est pas, mais elle fait l'embêtante!»

Il veut, ensuite, jouer au pêcheur.

Il ajoute : «Tantôt, je jouerai encore au loup.»

Il aimerait tant gagner au jeu du pêcheur, mais il fait preuve de caractère. Lorsqu'il est sur le point de perdre, il ne va pas — comme la plupart des enfants — regarder en cachette (ce jeu se joue notamment «à l'aveugle»). Heureusement, il gagne mais avec beaucoup de difficultés.

On rejoue, finalement, au loup : après plusieurs attaques, je suis à nouveau tuée. Pour finir, je reçois une fameuse gifle. Wim dit : « C'est assez, et maintenant, je vais remplir le pistolet à eau pour le garçon suivant. »

4ᵉ heure :

On joue, à nouveau, au loup : Je dois être le loup, lui sera le chasseur. Il retire manifestement beaucoup de satisfactions de ce jeu. Cette fois-ci, cependant, je suis liquidée assez rapidement. Il est beaucoup plus vite fatigué que la fois précédente.

Je le mène devant la maison de poupées. Je mets les poupées sur un rang et leur donne, à nouveau, les noms de la famille. La poupée-Wim jette la poupée-Nini du balcon. Papa, maman et bonne-maman suivent bientôt le même chemin.

Cependant, la mère rentre par la porte et donne une « tripotée » à Wim — Moi : « Elle lui parle aussi et lui demande : Wim, pourquoi fais-tu cela ? » Il répond : « Parce que ce ne sont quand même que des poupées pour jouer. » « La poupée-Nini ne revient plus, dit-il, car elle est trop hargneuse. Bonne-maman ne revient pas non plus, papa bien, il va se coucher, il ne veut pas rester près de nous car il est fâché. »

Je lui explique ensuite que ceci n'est qu'un jeu, qu'on peut jouer tout ce qu'on veut, que ça n'a pas d'importance, qu'on peut tout faire dans le jeu, mais qu'en réalité, Nini reste naturellement à la maison. Il hoche la tête.

A sa demande, on joue ensuite au pêcheur. Wim gagne et arbore un air triomphant. Dans la partie suivante, il devient insultant et très jaloux quand je donne l'impression de gagner.

La partie suivante se déroule dans un climat de tension.

A la fin du jeu, il me tire dans la figure avec le pistolet à eau. Il a un peu peur, je le sécurise. Il met alors le pistolet en bouche et le suce. Je lui tends alors le biberon : « Oh, ça, c'est pour les bébés. » Moi : « Parfois, je préférerais être un bébé, tu sais ! » Lui : « Bon, dans ce cas. » Il met le biberon en bouche (!). Je lui présente ensuite le suivant. « Non, non, j'ai quand même déjà bu au pistolet à eau ! »

Je l'emmène près du jeu de fléchettes : « Ils reçoivent tous une injection », dit-il. Il lance mollement, gauchement sans beaucoup d'agressivité.

Il veut ensuite jouer au jeu de construction, mais c'est la fin de la séance et il doit retourner chez lui.

5ᵉ heure :

C'est la dernière séance de Wim dans la salle de jeu.

Il veut de nouveau «jouer au loup». Il est d'abord le chasseur, il est content quand il m'a «touchée». Les rôles sont inversés : Loup, il me bat et me pince d'importance. Mais, ce jeu terminé, il ne sait plus très bien ce qu'il pourrait faire. Il inspecte la salle de jeu et se met finalement à faire un peu de menuiserie.

Au moment du départ nous lui disons que nous l'avons trouvé un gentil petit gars. Il me regarde pensif et dit : «Je t'écrirai une petite lettre.»

Résumé

Au cours de la remise de conclusions, le père reproche à sa femme d'être trop douce avec les enfants, de ne pas savoir les maîtriser et de les menacer avec : «Tu verras quand ton père rentrera!» «Je fais alors figure de bourreau, sans le vouloir», nous dit le père.

L'entente entre les deux parents nous a semblé peu harmonieuse. Les enfants ne peuvent donc pas compter suffisamment sur l'appui des parents (Wim en a pourtant grand besoin), ceux-ci étant trop occupés avec leurs propres difficultés.

Wim est d'un caractère légèrement irritable et jaloux, peu persévérant. Il est, pour le moment, très insatisfait de son milieu et de lui-même. Cette insatisfaction s'extériorise en partie par de la timidité et de la dépression et en partie par des caprices et de l'agressivité.

On vit clairement, dans le jeu, comment cette agressivité, se dirigeait tout à tour contre lui-même et contre les autres, s'extériorisait avec force, lorsqu'elle avait le champ libre, diminuait progressivement d'intensité pour faire place à un jeu normal et constructif. Une lutte du bien contre le mal est, en outre, aisément reconnaissable dans la symbolique du jeu, le bien s'imposera grâce à une aide extérieure. Le peu de temps qui nous était imparti nous obligea à adopter une attitude plus directive.

L'emploi de la suggestion et l'insertion de figures stimulantes nous permirent d'atteindre rapidement le problème de Wim et de mettre au jour sa jalousie à l'égard de sa petite sœur.

D'après les parents, au moment du départ à l'étranger, Wim était plus calme : il s'occupait moins de sa sœur et acceptait plus facilement qu'on le dirige. Wim était beaucoup moins boudeur et se disputait moins souvent avec sa sœur. La situation était donc « tenable ».

Il n'est cependant pas certain que cette situation continue de s'améliorer. En effet, le problème est axé principalement sur les parents. Nous avons essayé de les rendre conscients du fait que Wim ne peut être rendu responsable de son insatisfaction. En fait, il ne fait que réagir aux tensions existant entre les parents.

CAS III : GÉRARD

Motifs de la consultation

Angoisses nocturnes et grande nervosité depuis deux ans.

Caractéristiques du milieu

Gérard, orphelin, est âgé de neuf ans et habite depuis quelques années chez ses grands-parents à la campagne. Le grand-père est un ouvrier pensionné, marié pour la seconde fois. Il n'y a pas d'enfants issus de ce second mariage. La mère de Gérard, fille du grand-père, est donc issue du premier lit.

Résumé de l'anamnèse

Gérard est le cadet de cinq enfants, c'est un petit dernier. C'est aussi le seul garçon. Son père, monteur de métier, mourut quand Gérard avait un an. Quatre ans plus tard (donc dans la cinquième année de Gérard) la mère se remaria. Ce second mariage se révéla rapidement être un échec. Le second père se montra non seulement sans amour, mais se comporta comme une brute vis-à-vis de sa femme et des enfants. En outre, il gaspilla en peu de temps toutes les économies de la mère.

Après quelques années, la mère mourut d'un cancer. Pendant sa maladie, elle fut soignée dans un hôpital et, pendant ces semaines, les enfants furent abandonnés aux bons plaisirs du second père. Pendant cette période, il y eut de telles scènes que les voisins durent intervenir. Ils avertirent les grands-parents qui recueillirent Gérard et sa sœur aînée. Gérard était donc chez ses grands-parents quand sa mère mourut.

Le garçon était très attaché à sa mère et réciproquement. Ceci est aisément compréhensible étant donné la situation familiale : Gérard était son seul fils et le plus jeune enfant de son premier mari.

Les grands-parents ont accepté de bonne grâce de se charger de l'éducation de leur petit-fils et s'acquittent de leur tâche au mieux de leurs possibilités.

Scolarité

A l'école, Gérard est un élève moyen. Il n'a jamais dû doubler. Il n'a ni branches fortes, ni branches faibles. Cependant, il semble souvent absent et «il pourrait faire mieux», nous dit l'instituteur.

Contact avec les autres enfants

Le contact est généralement bon avec les autres enfants. Cependant, il choisi de préférence ses amis parmi les enfant plus jeunes et même parmi les petites filles.

Particularités physiques

Le bras gauche était paralysé à la naissance, mais un traitement adéquat a permis une bonne récupération fonctionnelle. Il n'a aucune force dans ce bras gauche et l'appelle lui-même «mon petit bras faible». Il se révèle cependant habile de la main gauche, il joue par exemple très bien de l'harmonica.

Jeux et passe-temps favoris

Il aime jouer au-dehors, rouler à vélo, nager et patiner l'hiver. Gérard a acquis au contact de son grand-père un grand amour pour les animaux. Il est toujours préoccupé, tantôt pour un oisillon malade, tantôt pour un poussin. Il possède un chat (son camarade le plus fidèle), un chien, des poules et des pigeons. Il aime beaucoup jouer de l'harmonica.

Angoisses nocturnes et nervosité

Tout allait bien dans les premiers mois de son séjour chez ses grands-parents. Il avait déjà cependant une certaine peur des cambrioleurs : «Bon-papa, as-tu bien fermé la porte au verrou pour la nuit? Es-tu sûr que personne ne saurait entrer?»

Par la suite cependant, cette peur se mua en angoisse qui s'installait vers le soir. Il illustre cela lui-même en disant : «Sais-tu ce que je voudrais? Le soir, aller en Inde où il fait jour et puis rentrer vite en Hollande, comme ça, je ne devrais jamais rester dans le noir.» La nuit, il dort dans un coin du grenier et son monde fantomatique y prend vie. Derrière une lourde tenture, pendent les vêtements d'hiver; il y distingue cependant des formes vivantes qui ont tendance à s'approcher lentement de lui. Les branches des arbres du jardin frottant contre les tuiles et les oiseaux sautillant dans la corniche sont pour lui des bandits rampants qui menacent sa sécurité. Afin de pouvoir tout suivre et d'être présent quand le danger se précisera il se tient en éveil, très angoissé. Cependant, quand vers minuit, tout est calme dans la maison et qu'il s'endort terrassé par la fatigue, il se réveille en sursaut, hurlant et trempé de sueur, à cause de cauchemars provoqués par les bruits réels combinés avec les angoisses issues de son inconscient.

Données de l'examen intellectuel et caractériel

Gérard possède une intelligence normale. Il atteint le niveau exigé à son âge et dispose de capacités suffisantes tant pour la facteur verbal que numérique. La raisonnement est sain, mais il n'ose pas porter un jugement critique sur la situation. Cette attitude provient d'une suradaptation provoquée par la crainte de la perte de l'objet d'amour.

Gérard est incontestablement un enfant névrotique pour lequel le traitement thérapeutique par le jeu est particulièrement indiqué.

Résultats de l'examen médical

L'examen général a relevé, une atrophie de la ceinture musculaire de l'épaule gauche et du pedes planovalgi, mais aucune particularité physique.

Le traitement put être entrepris après une période de trois mois.

1ᵉ heure :

Lorsque Gérard entre la première fois dans la salle de jeu, il m'apparaît comme un gars trapu, gros, robuste, rougissant avec une frimousse amicale et rieuse. Son attitude donne une impression infantile de dépendance, elle a en même temps quelque chose d'un vieux grand-père.

Ce qui nous rassure cependant tout de suite c'est son regard rieur exprimant une grande joie de vivre. Cette délicatesse extrême, très attachante chez ce garçon plutôt boulot, sa mine saine et ses joues rebondies, forment un tableau étrange et contradictoire.

Très docile, il s'assied sur le banc et me fait le rapport de tout ce qui domine sa petite vie (ceci, vraisemblablement à mes paroles; «Nous devons d'abord apprendre à nous connaître un peu mieux. Ensuite nous tâcherons ensemble, de faire en sorte que ces cauchemars ne reviennent plus et que tu n'aies pas besoin d'avoir peur»). Il me parle surtout de son chat «Mimi» : «Oui, vois-tu, un tel chat n'a finalement qu'une pauvre vie, on peut le tuer n'importe comment, il n'y a que près de moi qu'il se sente en sécurité !» Il me parle aussi d'un ami, qu'il ne peut estimer réellement «car il chipe des sous à son père.»

Il se dirige ensuite vers la maison de poupées, mais le jeu reste informe. Il s'intéresse au jeu de fléchettes : «Je ne sais pas très bien lancer de la main gauche car j'ai un petit bras faible.» Il lance faiblement, quelques fléchettes au petit bonheur.

Indigné, il nous raconte ensuite qu'une tante, qui loge momentanément chez ses grands-parents avait fait la remarque suivante quand elle vit qu'il aidait à essuyer la vaisselle : «Maintenant, tu ressembles tout à fait à une fille.» «Alors, j'ai été près de bonne-maman, et je lui ai dit que je ne le ferais plus tant que la tante sera là, que bonne-maman ne devait pas prendre cela au tragique, mais que je ne me laisserais plus insulter comme ça.»

Il part ensuite avec un joyeux : «Bon, au revoir, hein !»

2ᵉ heure :

Il prend les animaux dans l'armoire et me raconte au sujet des animaux qu'il a chez lui : «Mon chat, je l'ai amené de chez ma mère, c'est lui que je connais depuis le plus longtemps et il est mon meilleur ami, parfois, il dort près de moi dans le lit, alors je n'ai pas peur.»

Il construit une espèce de cirque où tous les animaux, sauvages et domestiques, sont mélangés.

Il lance aussi prudemment quelques fléchettes, dont quelques-unes font mouche tout à fait par hasard. «C'est dommage que vous n'avez pas plus de temps !»

Cette seconde heure est essentiellement consacrée à établir un lien conscient.

3ᵉ heure :

Il entre en disant : «J'ai eu une si mauvaise semaine !, mon petit chien est mort et mon chat est malade. Est-ce vrai ce que dit bonne-maman que son petit cœur va au ciel? J'espère qu'il sera arrivé pour la Pentecôte, car c'est très loin, hein ? Ça me tracasse tellement que je ne sais même plus jouer de l'harmonica et que je ne veux plus du tout chanter les psaumes à l'école. Dieu ne le prendra pas de mauvaise part, hein ? A la fin, Teddy me regardait si tendrement, comme s'il voulait me dire : « Maintenant, petit patron, je m'en vais tu sais ! »

« C'est grave, mais ce n'est quand même pas encore si grave que pour ma mère et ce serait tout à fait grave si bonne-maman mourait, parce qu'alors je n'aurais plus personne ; peut-être qu'alors je pourrais aller habiter chez une de mes sœurs, qu'en pensez-vous ? » Je lui réponds que Dieu a toujours une solution pour nous, que bonne-maman n'est pas tellement âgée et que lui-même sera peut-être déjà père de famille le jour où elle mourra. Cela semble le rassurer un peu, mais il est clair que la mort de son petit chien confronte à nouveau Gérard avec le problème de la mort.

Il se met ensuite à peindre : un bois, composé d'arbres squelettiques, plantés les uns à coté des autres, enfermés sous une voûte de nuages, tous pareils.

4ᵉ heure :

D'emblée, il me raconte un cauchemar : « Eh bien ! J'ai de nouveau eu très peur. Il y avait un homme horrible au pied de mon lit, il voulait tuer bonne-maman, et il ressemblait très fort à oncle Jean (2ᵉ père) qui habitait chez ma mère. » A ce moment, je lui indique la figure masculine servant de cible. Très excité, il s'écrie : « Oui, c'est lui, c'est tout à fait ça. Il avait lui aussi un chapeau melon et des joues très rouges. Je vais le canarder — Non, il ne faut pas me laisser faire, je préfère le faire la prochaine fois. »

« Savez-vous quelle est ma meilleure nuit ? Le dimanche, car ce jour-là, la lessive bout pour le lundi, et quand tout le monde dort, cela fait un bruit agréable, et tout n'est pas aussi affreusement calme dans la maison. Alors, quand ils entendent cela, les cambrioleurs n'osent pas entrer, car EUX, ils ne savent pas que c'est la lessive. »

5ᵉ heure :

Il court vers la maison de poupées et se met à jouer : « Je mets celui-là (la poupée-père) derrière le piano, le petit garçon est au lit, et il l'écoute. »

Il se tourne vers moi : « Vous savez ce qu'il faisait Oncle Jean ? "Gare à toi si tu sors de ton lit, car il y a un voleur en dessous de la table, et dans le poste de radio, il y a une sorcière." J'avais très peur, alors je restais toute la journée dans mon lit et pendant ce temps, Oncle Jean sortait à moto. C'est alors qu'une voisine est venue nous chercher. Pensez-vous qu'il pourrait encore venir me chercher ? Je crois que si je le rencontrais, je pourrais l'assassiner. »

Moi : « Si tu veux, tu peux faire ça ici, dans la salle de jeu. » Lui : « Dommage que je ne puisse pas le faire en réalité hein ? » — « Oui, je comprends que tu préférerais le tuer réellement, mais cela t'amènerait des difficultés. » — « Avec la police, hein ? » — « Oui, mais tu es encore très fâché contre lui, n'est-ce pas ? » — « Oui, bon. » Il me regarde tristement et dit : « Connais-tu l'histoire de la dispute avec cette fille ? » Je la lui fait raconter : « Je me suis disputé avec cette petite peste qui habitait à coté de chez nous au sujet de quelques billes. Oncle Jean ne pouvait la supporter. Alors, il a tiré du lit ma mère qui était malade, pour nous calmer ; elle avait le cancer. Il ne pouvait pas faire ça lui-même, ce fainéant ? Ma mère était quand même malade ! Et dans ces cas-là, c'est dangereux de sortir du lit. Quelques semaines plus tard, elle mourait. » Je lui dis alors : « Maintenant, elle est au ciel, et elle était déjà si malade qu'elle ne pouvait plus guérir tu sais. »

Il hoche la tête mais ne semble pas convaincu.

Donc à ce moment, il se sentait coupable. Cette culpabilité s'ajoutait à tous les autres traumatismes de sa prime enfance. « Ma sœur avait même dit : "Oh maman, il ne faut pas te tracasser pour cet homme, il ne faut pas obéir." Mais elle en avait peur..., moi aussi ! »

Prudemment, je lui demande dessiner son Oncle Jean. Il prend un fusain, trace d'abord deux yeux écarquillés et menaçants. Puis, il dessine la tête et le reste du corps. Le bras droit est dirigé impérativement vers deux enfants (dessinés faiblement et avec beaucoup de minutie) se chamaillant pour un petit tas de billes. Cette indication du bras représente l'ordre donné à la femme, clouée au lit, de se lever et de s'occuper des enfants en train de jouer. Le dessin est très chargé émotionnellement, pendant qu'il dessine, il revit intensément la situation.

Gérard abandonne son dessin, « je n'ai qu'à le ranger », et se dirige vers les cibles. « Regardez, le voilà de nouveau, ce salaud. Et cette femme qui lui court après, c'est ma mère, elle aussi avait de belles boucles blondes. Mais elle, je ne veux pas la toucher ! C'était quand même un beau gars, hein? Et il était toujours si bien habillé, avec des affaires très chères, et il sentait si bon!»

Il se retourne et me dit : «C'est pour ça que je viens, n'est-ce pas? pour tout vous raconter.» — «Oui, parce que ça te tracasse toujours, et que tu es toujours en colère. Ensemble on pourra y remédier» — «Oui. Je jetterai des fléchettes la prochaine fois, aujourd'hui, je n'en ai pas envie.»

6e heure :

Le grand-père nous apprend que Gérard a osé sortir dans le noir pour la première fois. Il est allé porter des œufs à une voisine.

Dans la salle de jeu, Gérard s'intéresse très peu aux jeux qui l'attiraient dans les séances précédentes. Il joue toute l'heure avec la boîte de construction électrique (jeu neutre). Cela me semble être le calme avant la tempête.

A ce moment, nous avons effectué une visite à domicile, afin d'observer Gérard dans son milieu familial. Nous avons trouvé la petite maisonnette typique, baignant dans l'atmosphère paisible, d'un petit village de la Hollande du nord enseveli sous les fumées d'Amsterdam. C'est le cadre rêvé pour deux vieilles personnes jouissant tranquillement de leur pension, mais où un jeune garçon, même chéri, ne peut se créer une ambiance qui lui soit propre. En visitant le grenier, en fait la chambre du jeune garçon, nous avons compris ses angoisses. Les terreurs nocturnes sont évidemment provoquées par des pulsions inconscientes, datant de la prime enfance, mais il est certain que ce grenier mystérieux les alimente. Nous avons abordé ce point avec les grands-parents. Ils ont alors cloisonné le grenier et aménagé une chambre fermée et intime. Tout est mis en œuvre pour la rendre accueillante, on y a percé une fenêtre, et Gérard peut y bricoler et recevoir des amis, épingler des gravures et monter son train. Il est aux anges!

7e heure :

Je conduis Gérard vers le jeu de fléchettes : «Le voilà de nouveau, ce voyou! Est-ce que je...?» — «Si tu veux» — «Oui, il doit mourir. Han! Touché! Aïe! Pas celle-là! Brr! Encore un peu elle était sur ma mère. Voilà, il en a reçu assez pour le moment : Est-ce que vous jouez à la balle avec moi?» On joue à la balle le reste de l'heure.

Il semble cependant, que Gérard a besoin d'aide pour franchir cette étape. Dorénavant, chaque heure commencera par le tir d'une salve sur

« Oncle Jean ». Pendant ce jeu, Gérard est très excité. Nous tendons un grand papier blanc tenu par quatre punaises devant la figure féminine. Ce qui immunise la mère contre les attaques exercées par Gérard à l'encontre de son second père.

8ᵉ heure :

Après la salve de fléchettes habituelles, Gérard joue pour la première fois avec les marionnettes. Le roi a des coliques. Jean Klaas doit le guérir. Il donne une potion goutte à goutte. Catherine, très affairée, demande : « Ça va déjà mieux, patron ? » Après un petit temps, le Roi hoche affirmativement la tête. « C'étaient les coliques, dit Gérard. J'ai ça aussi de temps à autre. »

« Mais je n'ai plus aussi peur la nuit. » Les grands-parents le confirmèrent ultérieurement.

A ce moment, Gérard part deux semaines, en vacances, chez une de ses sœurs mariée. Les grands-parents nous disent qu'il ne s'y plut pas tellement et qu'il était content de rentrer chez lui. Il n'y était vraisemblablement plus le centre d'attraction.

9ᵉ heure :

Avec de l'argile, Gérard modèle un petit chien. Il ne le réussit pas très bien et n'est pas content. Tout en travaillant, il me parle de son petit chien mort.

Il fait ensuite une petite poupée, haute en couleur, spirituelle. Tout ce qui la compose est vif et animé sauf... les petits bras qui sont rigides et collés au corps. « La prochaine fois je ferai un lit pour elle et peut-être bien une petite maison ! »

Il contemple attentivement le visage de la poupée et se met à rire.

Gérard est passé en cinquième année avec un bulletin convenable comme d'habitude.

10ᵉ heure :

La petite poupée d'argile reçoit son lit et un petit chat (que je dois personnifier) vient se coucher à côté. « Maintenant c'est moi ! Il n'a pas peur, tu sais ! Sa grand-mère peut sortir tranquillement pour la soirée. »

« Cet homme n'habite quand même plus là, je crois. Et puis j'aimerais quand même bien aller un jour chez cette voisine car elle était gentille pour moi. » Il est en train d'assimiler son angoisse.

11e heure :

C'est une heure neutre qui se déroule calmement.

« Bon-papa ne veut plus me conduire au lit le soir, alors je lui ai dit : Je vais dire à bonne-maman que tu m'achètes toujours de friandises lorsque nous allons ensemble à Amsterdam. »

Mais Gérard est encore toujours trop gentil, trop adapté, il a toujours peur de perdre la sympathie gagnée.

A la fin de l'heure, on passe aux fléchettes, puis au pistolet à eau avec lequel il fusille une pièce du jeu d'échec qui doit représenter « Oncle Jean ».

Cependant cela est trop emprunté, il y manque du « mouvement ». Il faudrait plus de vécu dans l'action.

Il nous faut placer ici une anecdote : Gérard me raconte qu'il connaît un garçon qui a peur lui aussi et qui va lui aussi chez un « docteur » : « Je l'ai vu dernièrement dans la rue et je lui ai demandé : Eh bien, comment vas-tu maintenant ? » Lui : « Bien, bien » J'ai dit « Eh bien, moi aussi, j'avance bien. »

« Il n'y a pas longtemps, j'ai eu de nouveau peur au lit et je me suis dit à moi-même : « Allez gamin, retourne-toi et ne te fais pas des idées. Alors c'était fini. »

Mais, le grand-père tombe malade et passe deux semaines à l'hôpital. La peur de Gérard s'accroît à nouveau : « Parce que bonne-maman est plus faible, et si un cambrioleur entrait... ! »

12e heure :

Il se dirige vers les cibles : « Savez-vous que depuis tout ce temps il n'est pas encore vraiment mort ? Je ne l'ai que blessé. Je vais d'abord redessiner clairement sa tête. Maintenant, voyez-vous, c'est vraiment un vrai vaurien : Je ferais quand même mieux de le viser au cœur. Attendez, je vais dessiner son cœur aussi. (Ce n'est que maintenant qu'il ose réellement affronter la personnalisation de son angoisse.) La prochaine fois je l'enterrerai. »

Après une nuit difficile et dans une crise d'impatience et d'incompréhension, la grand-mère avait soupiré : « Eh bien garçon, quand est-ce que ce sera fini ? Un jour, je le raconterai aux enfants de l'école. » Il l'avait consolée en disant : « Ah bonne-maman ! Tu n'as qu'à penser que tout homme a sa croix, pour toi, c'est moi. »

13e heure :

Gérard se dirige tout de suite vers les cibles et crible la figure masculine de fléchettes lancées avec violence vers la tête et le cœur. Il est très captivé par son jeu. Il dit ensuite : « Bah ! On ne peut rien faire d'autre avec cet homme que de le canarder. » Je lui suggère alors de transposer son jeu sur les personnages de la maison de poupées. Il acquiesce et choisit les acteurs : La poupée-homme est surchargée, reçoit une cravate noire, des soucis foncés, des joues rouges. Comme poupée-Gérard, il choisit le petit bonhomme d'argile. L'homme est au lit avec un drap sur la tête, la poupée-Gérard entre furtivement dans la chambre. Bon-papa, bonne-maman et toute une série d'autres personnages (en fait toutes les poupées de la réserve) regardent par la fenêtre et assistent à la scène en spectateurs. Madame K. se trouve dans la chambre, juste à coté de Gérard. Bon-papa avertit cette dernière : « Attention madame K. ; pas si près ; c'est dangereux ! » Gérard s'approche du lit, il a un couteau (fléchette) à la main, il frappe l'homme couché et fait un saut en arrière. L'homme, fou de douleur, fait des bonds désordonnés dans la chambre. Encore une fois ! Madame K. attrape l'homme par le collet et le jette à terre. Les autres accourent. Gérard frappe encore quelques fois. Suit alors « la dernière convulsion », un docteur constate la mort. L'homme est étendu sur une civière par le docteur et une infirmière. On le conduit vers un cercueil, tout préparé. Pendant que l'on sonne « timidement » le glas. « Parce qu'en somme, ça n'a aucun sens de sonner le glas pour lui. » L'homme ne va pas au ciel et personne ne suit son enterrement. On ferme le cercueil, on le bouche hermétiquement avec de l'argile et on l'enterre très profondément dans le bac à sable. Gérard contemple, très satisfait, le coin labouré du bac à sable, pousse un profond soupir et dit : « Hé ! Hé ! » Exténué, il s'écroule sur le divan.

Quelques minutes plus tard, on passe à un jeu de balle et il est temps de retourner à la maison.

La nuit qui suit cette séance fur particulièrement agitée. Gérard a hurlé plusieurs fois dans son sommeil, nous disent les grands-parents.

14ᵉ heure :

La cible masculine est à nouveau criblée de fléchettes : « Je vais un peu voir s'il est réellement mort. » (Ce n'est que par la reprise de l'expression de sa haine qu'il pourra se libérer de l'agressivité refoulée.)

Il prend ensuite la boîte électrique et bricole. Tout en bricolant, il me raconte le rêve qu'il a fait récemment. « Bonne-maman et moi, étions assis dans un train, mais bon-papa était resté sur le quai (la maladie et l'absence temporaire du grand-père). Il y avait une foule de gens entre lui et nous. Le train s'ébranle, je tire le signal d'alarme, mais rien ne se passe, je tire une seconde fois, le train s'arrête brutalement et bon-papa peut sauter dedans. »

Sa peur de perdre la sécurité et les sources d'affection est exprimée d'une manière très actuelle dans ce rêve.

15ᵉ heure :

« Et cet homme-là, en terre, comment va-t-il ? Je n'y pense plus du tout. » Moi : « J'aimerais bien ne plus y penser, mais je ne peux m'en empêcher. » « Je vais un peu voir si je peux le retrouver et s'il en reste quelque chose. Et bien ! Vous voyez bien ! Il est tout pourri, heureusement ! Je vais remettre ce qui en reste en terre. » Moi : « Tu n'es pas encore certain qu'il ne peut plus te faire de mal ? » — « Je vais m'amuser à canarder cet homme de fléchettes. » Ceci occupe toute l'heure.

16ᵉ heure :

Gérard amène sa petite souris blanche qu'il manipule fièrement et tendrement. Il la laisse courir sur la table, dans son cou et dit : « Vous voyez, elle ne vous connaît pas encore, elle n'est pas encore habituée et ne va pas près de vous. Tantôt, quand elle sera habitué elle viendra près de vous. » A sa grande joie la souris s'oublie sur la table et il la gronde.

En guise de formalité, la figure masculine subit son traitement hebdomadaire. Cette fois-ci cependant cette action ludique n'est pas très vécue.

Il fait « un satellite artificiel américain » en argile.

Les vacances vinrent s'intercaler entre la 16ᵉ et la 17ᵉ séance.

17ᵉ heure :

Gérard entre en disant : « Voilà, maintenant je n'ai presque plus jamais peur, et cet homme n'existe plus pour moi. » Il se dirige vers le bac à sable, cherche à déterrer le cercueil et son contenu, mais ne parvient pas à le retrouver : «Eh bien, vous voyez bien? Dans ce cas je prendrai ceci.» Il prend les masques et choisit celui de sorcière. Il dit : «Nous dirons que c'est Oncle Jean.» Il l'épingle sur une cible et se met à le canarder. Après quelques jets, son intérêt disparaît et il se met à bricoler avec la boîte électrique.

18ᵉ heure :

Il entre en disant : «J'ai eu des rêves bizarres et j'ai passé une semaine pourrie. On m'a arraché quatre molaires. Un véritable bourreau ce dentiste, une vraie brute. Après la première dent, j'ai dit : docteur, docteur, c'est pas encore assez.» — «Non, encore une» — «Après la seconde, la même chose! Jusqu'à quatre fois qu'il a recommencé à tirer, et il ne disait rien!» La nuit suivante, j'ai rêvé que le dentiste travaillait dans ma bouche avec un marteau et un burin. Alors je lui ai donné un coup et il est tombé par terre. Je l'ai pris par la peau du cou, je l'ai flanqué dans un fauteuil, et je lui ai tiré toutes ses dents, il ne restait plus rien!» «Je ne sais pas où je devrais aller si bon-papa et bonne-maman mouraient.» Moi : «Dans ce cas-là, on tâchera de t'arranger quelque chose ici, nous ne voulons pas qu'il t'arrive quelque chose de désagréable.» — «Heureusement.»

«Pff! quand je pense que ce gaillard (la cible) est Oncle Jean, j'appelle ça de la superstition!» Il a un regard méprisant. «Mais je voulais vous le dire, s'il encaisse cette flèche, c'est qu'il est réellement là.» Il lance ensuite toute la provision de flèches. Cependant, il se place à une distance de plus en plus grande de la cible. A présent, il s'agit plutôt d'un jeu d'adresse.

19ᵉ heure :

Gérard commence d'abord par jeter des fléchettes du plus loin possible.

Il me surprend, ensuite avec la réflexion suivante : «Vous ne devez pas penser que cela avance si vite avec ce jeu! Surtout pas avec la maison de poupées.» A mon avis, il faudrait qu'il y revienne une nouvelle fois. «Pensez-vous qu'on ne pourrait vraiment plus retrouver cet homme dans le bac à sable?» Nous le cherchons, mais en vain.

Gérard fabrique donc un nouvel «Oncle Jean» d'argile. A mesure que ce dernier prend forme, il devient de plus en plus ému et enthousiaste. Dans la maison de poupées se déroule le jeu suivant : Madame K. est cachée derrière le lit. Une véritable armée se trouve prête à intervenir sur le balcon. C'est la maison de madame K. Gérard et le chat y habitent aussi (!). On sonne, c'est Oncle Jean. Il essaie de se faire passer pour le propriétaire et dit : « Bonjour madame K., il fait froid hein ! » — « Vous n'entrez pas ? Mais comme vous avez l'air différente aujourd'hui ! Combien vous dois-je ? » — « Cent florins » — « C'est pas possible, c'est beaucoup plus que d'habitude ! Mais alors, vous n'êtes pas le propriétaire ! » Ils se rentrent dedans, madame K. a le dessus. Toutes les poupées viennent l'aider. Il s'ensuit un combat général, toute la chambre est sens dessus dessous. Le chat mord « Oncle Jean » et Gérard lui enfonce une flèche dans le cœur. « Voilà ! La semaine prochaine, je l'enterrerai. »

Le jeu est, de nouveau, très vécu émotionnellement. Cependant, il se déroule avec moins d'angoisse et moins d'excitation que la première fois. C'est comme si c'était « une rencontre avec quelque chose de connu ».

20ᵉ heure :

Nous retrouvons cette « wiederholung » (avec une petite différence) dans un jeu plus détendu et plus calme que lors du premier enterrement. « Oncle Jean » est mis négligemment en bière, celle-ci n'est plus fermée hermétiquement. Lorsque le cercueil est enfoui dans le sable, Gérard tasse un peu la terre. Il hésite : Est-ce qu'on y met une pierre tombale ? Non hein ! Il n'a quand même pas mérité cela. Ha ! ha ! cette fois-ci, il est mort pour de bon. »

« Qu'avez-vous comme autres jeux là dans l'armoire ? » Il vient s'asseoir tranquillement près de moi et le reste de la séance est occupé par des jeux de sociétés.

Les séances suivantes se passent en petits jeux et conversations.

Gérard ne vient plus qu'une fois par quinzaine. Il fait alors un rapport fidèle de tous les petits événements survenus pendant ces deux semaines. Il reparle de temps à autre de « ses craintes d'avant ». Il lance encore quelquefois des fléchettes, mais cela ressemble plus à une habitude qu'à une agressivité-réelle-à-exprimer.

Il est élu meilleur joueur d'harmonica de son village et peut ainsi précéder le cortège de l'épiphanie, juché sur un char.

Il ne prend plus tant de soin à choisir ses copains. Certains d'entre eux sont des compagnons de son âge. (Quand on le taquine il me dit : « Ils démolissent ce que vous avez guéri ; ça m'énerve ! »).

Pendant les séances, il s'occupe constructivement, il poursuit tranquillement et sûrement son bout de chemin et supporte mieux un échec ou un contretemps.

Seule reste encore la crainte de la mort des grands-parents.

Nous l'avons encore suivi quelque temps car nous voulions continuer à influencer les grands-parents (il est trop gâté et trop admiré).

Le traitement a libéré Gérard des angoisses de sa prime enfance. Elles trouvaient un aliment de choix dans sa très grande sensibilité. Celle-ci va naturellement subsister.

CAS IV : DOLF

Introduction

Dolf est âgé de 10 ans au début du traitement. Bien que tous les facteurs de réussite semblaient être réunis, on n'obtient pas les résultats escomptés. N'aurait-il pas mieux valu, dès lors, arrêter la thérapie par le jeu et chercher une autre solution pour cet enfant ?

Nous tâcherons autant que possible d'établir les causes de cet échec. A notre avis, le milieu ne parvenait pas à suivre le rythme et la nature du traitement. Après un départ rapide, l'enfant retomba donc dans ses anciens symptômes et le traitement aboutit à une fin insatisfaisante. Dès le départ, nous avons accordé une attention insuffisante au climat défavorable du milieu. Par ailleurs, Dolf n'était pas assez sthénique pour réaliser sa guérison avec notre seule aide. Il nous a semblé instructif de reprendre un tel exemple dans nos analyses de cas.

Motifs de la consultation

Dolf fréquente une très bonne école, mais les résultats sont insatisfaisants. Par ailleurs, un examen psychologique effectué par le psychologue scolaire prouve que Dolf dispose d'un quotient intellectuel normal.

L'école nous dit : « Dolf ne collabore pas, c'est la même chose pour toutes les branches. » On relève, en outre, une attitude très infantile.

Description du milieu

Le père est âgé de 45 ans et est directeur d'une firme commerciale, la mère a 42 ans. Ils ont trois enfants : un garçon de 17 ans, une fille de 11 ans et Dolf. Le père et la mère proviennent tous deux de milieux fortunés et ils eurent une jeunesse normale. Cependant, d'après le père, la mère fut toujours très gâtée chez elle. Sa femme le nie. Elle avait beaucoup de difficultés à l'école, c'est pourquoi elle attache, à présent, une très grande importance aux prestations scolaires de ses enfants.

Quand l'enfant était petit, le père dut beaucoup voyager. Dolf était un gentil bébé gentil et attrayant, mais il ne marquait aucun intérêt pour son père quand celui-ci rentrait à la maison. La mère ajoute qu'elle-même éprouvait parfois quelques difficultés à accepter la présence de son mari. En effet, « il était toujours pressé et affairé, recevait beaucoup de visites pour ses affaires, ce qui bouleversait notre petit monde ». Madame s'empresse d'ajouter que le mariage est très heureux, que son mari a les meilleures intentions du monde, mais qu'il ne sait pas s'y prendre et qu'elle doit souvent protéger les enfants. Il nous semble que la mère espérait beaucoup plus de la part du père.

Comportement à la maison

Dolf ne s'est jamais comporté comme un enfant de son âge. Il se trouvait toujours dans les jupes de sa mère qui, elle l'avoue elle-même, « trouvait cela magnifique ». Il fut propre assez tardivement; en fait, à l'âge de 6 ans, quand il alla pour la première fois à l'école (il n'a pas fréquenté le jardin d'enfants).

Ses occupations actuelles : traîner par-ci, par-là, écouter la radio, aider la mère dans ses besognes ménagères. Le père est très souvent irrité par Dolf, parce que celui-ci se retire immédiatement dans sa coquille quand son père se trouve dans les parages.

Particularités organiques

Sur ce point aussi, Dolf fut un enfant à problèmes : il fit une otite à huit mois. La mère se trouvait seule à la maison et traversa une « période d'angoisse et de misère ». Dolf resta longtemps indolent après sa guérison (l'ouïe resta intacte). Pendant cette période, sa mère fut aux petits soins pour lui, il fut donc relativement gâté. A un an et demi, il commença la série des diverses maladies d'enfance, de sorte que pendant deux ans, « il fut plus souvent malade qu'en bonne santé ». Il perdit tout appétit vers quatre ans : il ne fut jamais un grand mangeur, mais à ce moment il fallut se livrer à toute une comédie pour lui faire avaler l'indispensable. Maintenant encore, il mange le plus souvent du bout des dents.

Amis

Dolf a très peu d'amis, il se lie très difficilement et joue le plus souvent avec une petite voisine.

1ᵉ heure :

A son entrée dans la salle de jeu, il donne l'impression d'être un enfant chétif, maigre et introverti, mais avec des yeux très vivants.

Il parle d'une voix traînarde.

Après la première prise de contact et un parcours d'exploration dans la salle de jeu, il passe tout de suite à l'action. Il commence par lancer des fléchettes de très près et violemment.

Il passe ensuite au théâtre de marionnettes.

Il y a un voleur, il est enfermé dans une prison par un agent et le bourgmestre. Ils laissent cependant la clef sur la porte. Le bourgmestre s'adresse ensuite à l'assistance : «Qui êtes-vous, Madame?» Je me nomme et j'ajoute : «Je suis quelqu'un qui aime jouer avec les enfants» — «Oui, oui, il me semble que j'ai déjà entendu votre nom.» Le jeu s'arrête là. Il lance ensuite des fléchettes sur la cible représentant une petite fille et dit : «C'est une petite gueuse.» Il lance les fléchettes de plus en plus agressivement. Passe à la figure de femme. Il fait le geste de lancer une fléchette dans ma direction, mais se retourne en ricanant vers les cibles.

Au cours des séances suivantes, il passe alternativement d'un matériel à l'autre. Nous remarquons cependant qu'il écarte systématiquement tout matériel qui appelle une prestation : argile, peinture et matériel de bricolage. Il ne peut se détacher des fléchettes et saisit régulièrement le biberon qu'il tête avec beaucoup de satisfaction.

Son jeu au théâtre de marionnettes représente toujours une opposition à l'autorité. A un certain moment, le bourgmestre tue la reine. Le Roi dit : «Oh! c'est dommage, mais j'ai déjà une autre femme qui finalement, est beaucoup plus jolie. Elle reprendra la couronne de la précédente.»

On passe ensuite à la maison de poupées. Il faut beaucoup de temps avant qu'un jeu formel ne s'élabore. «Papa et maman sont au lit à l'étage. Au rez-de-chaussée, un homme est étendu sur un banc, il tient un enfant dans ses bras. C'est le père avec son petit-fils. Oh non, c'est pas possible, car le père est déjà en haut. Et bien, ce sera le grand-père.»

«En fait, comment dois-je vous appeler?» demande-t-il ensuite. Je lui réponds qu'il peut faire comme il l'entend. Il me demande alors en plaisantant : «Même Fofolle? Non, n'est-ce pas? Je ne le ferai quand même pas.»

Il bricole avec la boîte électrique. Si une chose ou l'autre ne réussit pas du premier coup, il critique tout : ce sont des lampes pourries, un fil pourri... Il m'appelle plusieurs fois au téléphone-jouet, au moment où je décroche, la communication est chaque fois interrompue. A ce moment je mine le fait d'appeler le service de dérangements. Il dit en riant : «Dites, ce n'est pas Dolf qui a fait cela, ce sont ses amis.»

«Je t'appelle : Fofolle» «Est-ce qu'on va jeter des boules de neige?» A peine dehors, il est tout de suite refroidi et pleurniche, il veut rentrer et me regarde très mécontent.

L'heure suivante commence à nouveau sur le mode agressif : «Quelle foutue fenêtre que celle-là, elle ne veut même pas se fermer convenablement (il ne peut pas la fermer tout seul, et ne veut pas que je l'aide).» Un peu plus tard, il aperçoit la poupée-bébé : «Beuh! Quelle foutue poupée.» Le petit ton pleurnichard du début a complètement disparu.

Il passe au théâtre de marionnettes : «Le pasteur va baptiser : «Toi, bébé, je te baptise... un sale cochon» et «Toi, bébé, je te baptise... un très gentil bébé.»

Ensuite, il veut me photographier avec un bloc en guise d'appareil photographique : je dois prendre toutes les positions possibles.

A la fin de chaque séance, lorsqu'il quitte la salle de jeu, je dois lui adresser de grands signes de la main, par la fenêtre.

Le jeu présenté au théâtre de marionnettes devient plus formel. C'est généralement le Roi ou le Bourgmestre qui entrent en scène et dont l'autorité est la plus reconnue. La figure paternelle reçoit donc une signification plus positive et moins contraignante. A présent, Dolf ose de temps à autre se risquer à un dessin : un coquelicot figé, une église dont le clocher dépasse le bord de la feuille.

Son comportement dans la salle de jeu évolue de plus en plus vers une relation entre camarades. A la maison aussi, nous dit la mère, il devient aussi plus libre, «parfois même, un peu brutal».

6ᵉ heure :

Cette heure est consacrée uniquement au bac à sable. Il barbouille frénétiquement, mélange de l'eau et du sable, asperge tout avec le tuyau d'arrosage et jouit visiblement. Je suis mise à contribution pour toutes sortes de petites choses. Son ton devient plus vif. Par contre, il décide de modifier mon nom : de «Fofolle», je deviens «Tante».

Dolf m'annonce que sa mère est malade et que c'est sa grand-mère qui s'occupe temporairement de lui. Il parle assez sèchement et sur un ton hargneux. Au théâtre de marionnettes, «Madame K. est menacée par un voleur.» Elle doit donner tout son argent. «Encore plus, vilaine, tu ne m'as pas tout donné.» Tout le monde intervient, et finalement, elle est attaquée et tuée par toutes les poupées; Dolf lui-même intervient activement. Cependant, on la rend tout de suite à la vie. Ce jeu se répète deux fois encore.

Un entretien avec le père permet à celui-ci d'exprimer ses griefs. Il se plaint de ce que Dolf soit inaccessible pour lui. Il accuse sa femme de se placer sans cesse entre lui et l'enfant de sorte que Dolf devient de plus en plus, «un petit fils à sa maman». Le père semble jouer un rôle peu important à la maison, il porte peu d'intérêt à son fils, il en est d'ailleurs de même pour les autres enfants. «C'est anormal, dit-il, cette importance qu'accorde ma femme aux résultats scolaires des enfants. C'est comme s'il n'existait rien d'autre dans la vie.» Il n'est pas du tout question d'une quelconque collaboration entre les époux pour l'éducation des enfants. D'après le père, la mère aurait un système nerveux déficient. Un neurologue, consulté précédemment, aurait déconseillé toute psychothérapie de la mère.

8e heure :

Le jeu se déroule dans la maison de poupées. On y fête un anniversaire. Les enfants sont tous assis, en rang le long du mur, on ne trouve pas de trace d'une ambiance de fête. Le père entre et dit : «Restez tranquilles, les enfant, je dois sortir et vous ne pouvez m'accompagner.» Le père sort. La mère entre, elle doit pousser très fort pour ouvrir la porte. Dolf dit : «C'est parce que tu es une vieille femme pourrie.» La mère dit sur un ton plaintif : «Bonjour les enfants, je suis là, mais je dois aller chez le docteur, donc je m'en vais.»

Un peu plus tard chez le docteur : «Docteur, j'ai de tels maux de ventre! cela provient certainement de ce que les enfants sont "sciants".» A leur tour les enfants doivent aller chez le docteur. Mais le docteur décide de venir à domicile avec une infirmière. Ils se transforment subitement en deux espions qui gardent toutes les issues et empêchent quiconque de sortir. «Heureusement le père entre à ce moment et tue les deux malfaiteurs, ou plutôt non, il les fait prisonniers, non, il les jette du balcon.» Pour ce faire, le père est aidé par son frère, un oncle. Pendant ce temps, la mère, malade, est couchée sur un banc.

La mère me téléphone la semaine suivante pour me dire que Dolf est désobligeant et désagréable vis-à-vis d'elle. J'essaie, sans lui donner de détails, de lui expliquer que cette dépression temporaire peut être mise en relation avec le traitement, qui pour le moment, avance à grands pas. Je lui conseille de ne pas y accorder trop d'importance.

D'après ses dire, il m'apparaît, cependant, que la mère ne peut supporter cette relation d'opposition de la part de son fils. Elle se réfugie donc dans une plainte sur sa condition qui fait peur à l'enfant, lequel dès lors, intériorise son agressivité. Un entretien avec la mère ne parvient pas à lui faire comprendre la situation, ni à l'amener à une collaboration.

C'est à ce moment que nous devons envisager un pronostic beaucoup plus douteux que celui prononcé au début du traitement. En effet, l'attachement de cette mère nous semble être maladif : «Je trouve cela tellement dommage pour son petit caractère, c'était précisément un si gentil garçon» Nous échouons aussi lorsque nous lui demandons sa collaboration pour rendre Dolf plus indépendant : «C'est le seul que j'aie encore si près de moi.» Je crains même d'avoir provoqué chez la mère une réaction contraire à celle qui était souhaitée. En effet, je lui ai fait prendre conscience, à sa grande crainte, qu'outre l'effet favorable, souhaité par elle, d'une amélioration des prestations scolaires, le traitement allait aussi provoquer un relâchement du lien trop étroit qui unit Dolf à sa mère. Nous avons tenté de lui faire comprendre que c'est précisément l'attitude qu'elle adopte maintenant vis-à-vis de Dolf qui provoquera ce qu'elle craint, c'est à dire la perte réelle de son fils quand celui-ci sera un peu plus âgé. Mais ceci ne servit à rien car elle est elle-même de incapable de vivre indépendante. Nous avons tenté ensuite d'intéresser le père au traitement de son fils, mais ces tentatives furent, elles aussi, vouées à l'échec, «parce qu'il rudoie tellement ce pauvre garçon».

Les nouvelles de l'école nous apprennent que Dolf fait peu de progrès et que sa mère ne peut se passer de faire ses devoirs à domicile à sa place.

9e heure :

Dolf est très indécis, il ne sait que faire. Il saute un peu à la corde, mais abandonne très vite. Ensuite, il emmanche la tétine du biberon sur le tuyau d'arrosage et essaie de boire ainsi, mais ça ne marche pas bien. Il saisit alors le biberon lui-même et se met à le sucer. A la fin de l'heure, il me demande de mettre le biberon de coté spécialement pour lui. Ce que je fais.

10ᵉ heure :

Dolf joue alternativement avec le biberon et le revolver à eau, mais on ne peut parler d'un jeu réellement expressif. Il est assez indolent comme d'habitude. Il dit ensuite : «Nous faisons une pièce de théâtre. Vous êtes un vaurien et vous faites toutes sortes de mauvaises choses. Je suis un agent et je vous tue chaque fois.» Je dois mettre un masque de chien. En fait, il me laisse jouer au lieu de jouer lui-même.

En sortant, il me demande : «Me trouves-tu gentil?» Je le rassure en disant que chaque enfant peut jouer à ce dont il a envie, que ce soit un vaurien ou un agent, il reste toujours le même enfant pour moi.

Il reste cependant inquiet. Son attitude et son jeu perdent toute spontanéité. Vis-à-vis de nous aussi, l'agressivité est endiguée!

Nous recevons une lettre nous disant que la mère est à présent définitivement «surmenée».

Elle nous téléphone un peu plus tard pour nous dire : «Voyez-vous, je prends tout ce qui concerne Dolf tant à cœur, et j'ai tellement peur que ça n'aille jamais avec lui.» Nous lui assurons une nouvelle fois, que l'école comme moi-même sommes d'avis que Dolf réussira honnêtement ses études, que bien qu'il ne soit pas un génie, il jouit certainement d'une intelligence normale. Comme d'habitude, la mère nous parle uniquement des facteurs intellectuels et néglige volontairement toute déficience caractérielle. En fait, ce qu'elle considère comme qualités caractérielles sont en réalité des symptômes névrotiques.

Nous réalisons encore plus clairement que nous ne parviendrons jamais à modifier l'attitude de la mère.

Pendant ce temps, dans la salle de jeu, Dolf ne quitte plus le biberon. Un jour, il construit dans le bac à sable, une rivière «qui doit déborder». Contrairement à notre habitude, nous laissons courir le jeu sans donner le moindre «reflet» ou réaction non directive. Nous estimons qu'une rupture brutale de ces occasions d'expression est injustifiable.

L'heure qui suit est remarquable :

Il peint d'abord un petit bateau pour la fête des mères. Il représente un petit bouquet de fleurs. Il saisit ensuite la voiture d'enfant, y dépose la poupée-bébé et la promène dans toute la salle. Il est le père : « On éjecte le bébé, le père est fâché sur lui. Cette souillon ! Elle doit mourir et toi (il s'adresse à moi) tu es la mère et tu dois mourir aussi. Viens ici. » Il me lance dans un coin de la pièce, la poupée-bébé suit bientôt le même chemin. « Voilà, maintenant ils sont morts. Et maintenant, je leur rends la vie. » Ce jeu est repris plusieurs fois. La dernière fois il dit : « Je ne veux pas avoir d'enfants, je suis trop occupé pour cela. »

La semaine suivante, Dolf reprend le jeu du « photographe ». Il commande à nouveau beaucoup plus.

Nous apprenons, après coup, qu'il s'est passé beaucoup de choses au cours de la semaine passée. Son agressivité refoulée a cherché un autre exutoire. Il a notamment pris de l'argent dans l'armoire à linge de sa mère. Avec cet argent il s'est acheté deux carabines à air comprimé, une pour lui et une autre pour un petit camarade de la rue. La mère était naturellement dans tous ses états. Le père, par contre, prit très bien la chose, et en discuta calmement avec Dolf. Ensemble, ils sont allés reporter les deux fusils.

La mère se console en disant : « De nos jours, on entend de plus en plus parler d'aventures pareilles et il se sera certainement laissé entraîner par son petit camarade. »

Dolf, me fait un rapport fidèle de son aventure à l'heure suivante. Il adopte à nouveau un petit ton pleurnichard et semble ne pas saisir la portée de son acte (bien que le ton sur lequel il me parle puisse être l'expression d'un sentiment de culpabilité). En réponse à ma question : « As-tu longtemps gardé cet argent dans ta poche ? » il dit : « Bien sûr que non, j'aurais été bête. Je l'ai naturellement dépensé tout de suite. » Dans ce cas-ci aussi, il me semble préférable de ne pas approfondir la question. Je lui démontre cependant, dans une optique pédagogique, qu'on ne peut prendre l'argent des autres.

Ce petit larcin lui a fait manifestement beaucoup de bien. Il peint et bricole, est beaucoup plus créatif qu'auparavant. Son comportement indolent fait place à une attitude beaucoup plus sthénique.

Il veut boxer pour mesurer sa force à la mienne, mais n'est pas très agressif. A la fin de la séance, il s'approche câlinement de moi, me donne un petit coup sur la tête et dit : «Au revoir, Fofolle» Il revient et dit : «Tu ne dois pas agiter la main aujourd'hui, car je suis pressé.»

15ᵉ heure :

Dolf se dirige tout de suite vers la maison de poupées. Il me demande quelques grandes feuilles de papier et les épingle devant les chambres : «Parce qu'il doit y faire noir.» Le docteur vient faire sa visite. La mère dit : «Oh! docteur mon petit garçon est si malade! (petite voix bébé).» Le docteur : «Et bien, il sera peut-être mort demain!» La mère pleure. Le père rentre du travail et dit : «Ah! vous autres femmes!» Le père semble avoir raison car tout à coup, le fils se redresse en riant devant la mère. «Il est plein de vie.»

Au jeu suivant, c'est la mère qui tombe malade, elle a un bébé. Le docteur vient à nouveau et dit au père : «Monsieur, je regrette mais ça ne peut pas continuer comme ça, ce bébé s'est tellement débattu dans son ventre qu'elle ne peut y résister. Je crois bien que demain, elle sera morte» — «N'y a-t-il vraiment plus rien à faire?» — «Non» — Le père se met à pleurer. Dolf qui vit la scène très intensément, dit à la poupée-père : «Hou! les hommes ne pleurent jamais.» La mère meurt. Elle est mise en bière et enterrée dans un coin du jardin. Les grands-parents viennent cohabiter pour s'occuper du père et des enfants. Fin.

Je risque une question : «Et qu'en pensent les enfants?»

Dolf : «Le petit garçon cherche le cercueil dans le jardin et pleure. Et, de peine, il meurt lui aussi. Mais, plus tard; il y a une nouvelle mère qui vient. Elle aussi reçoit un petit garçon. Voilà, c'est fini.»

L'ambivalence des sentiments inconscients de Dolf est clairement exprimée dans ce jeu. La mère est liquidée, mais alors elle lui manque. Il ne peut rien faire sans amour maternel, mais cela doit être une autre, une nouvelle mère. Elle et son jeune fils peuvent repartir à zéro. C'est une solution que la réalité n'offre pas. Hélas!

Dolf reste un enfant difficile à l'école comme à la maison. Il lie plus volontiers contact avec des enfants de son âge, mais en général, nous ne pouvons constater que peu d'amélioration. Nous diminuons, lentement, mais sûrement, la fréquence des séances. Celles-ci n'apportent d'ailleurs plus rien de concret après ce dernier jeu dans la maison de poupées. Au cours de séances suivantes, on peint un peu, on bricole avec la boîte électrique ou on fait des jeux de société.

En accord avec l'école, nous proposons de placer Dolf dans un home pour enfants. Il pourra y suivre un enseignement individuel. Le père marque son accord pour cette solution. Pour la mère, ceci constitue un pas difficile à franchir. Elle ne peut donner son accord qu'après beaucoup de remords de conscience et après avoir glané des informations à droite et à gauche auprès de diverses instances. Nous espérons qu'un nouveau traitement permettra de libérer Dolf de ses tensions internes qui constituent un obstacle pour ses études, quand il se trouvera dans un milieu plus favorable à une thérapie.

CAS V : INA

Introduction

Ina est une petite fille de neuf ans. Elle habita l'Indonésie, où elle est née, jusqu'à l'âge de huit ans. Les années indonésiennes furent interrompues par des vacances de six mois passées en Hollande en 1955-1956. Par suite de la détérioration de la situation en Indonésie, elle rentra définitivement en Hollande un peu plus tard. Seul le père est resté là-bas. Il sera rapatrié au cours du traitement.

Caractéristiques de la famille et du milieu

Ina est l'aînée de quatre enfants. Elle a une sœur de six ans, de nature joyeuse et facile, un frère sensible qui ressemble beaucoup à Ina. Le benjamin est un petit garçon de trois ans. D'après la mère, c'est un petit dictateur en herbe, il est très gâté.

Le mariage des parents est peu harmonieux. Le père, nous dit la mère, est un homme autoritaire (il était enfant unique et ses parents le servaient au doigt et à l'œil). Il se plaint régulièrement de ce que sa femme fasse passer les enfants avant tout et lui accorde trop peu d'attention ainsi qu'à son travail. C'est précisément, nous dit la mère, parce que mon mari considère son travail à la plantation comme plus important que sa famille, que j'essaie, de mon coté, de compenser ce manque pour les enfants. Il apparaîtra plus tard que la mère, elle aussi, a gardé, de son enfance, une foule de relations non intégrées. Elle les reproduit inconsciemment dans son propre ménage. Elle fut notamment privée d'amour maternel. Sa mère mourut alors qu'elle était très jeune. Elle fut confiée, ainsi qu'un frère plus jeune, aux soins d'une bonne. Le père consacrait le maximum de son temps à ses enfants. Ceci explique la nature du lien étroit qu'elle a avec son père et ce qu'elle attend de son mari. Le père se remaria quelques années après la mort de sa première femme. Cette seconde mère se révéla peu féminine et exigea pour elle-même plus d'attentions qu'elle n'en accordait aux autres. Cette attitude constitua donc une nouvelle frustration pour les deux enfants qui se sentirent en outre menacés dans leur relation avec leur père.

C'est à dessein que nous avons approfondi cette relation étant donné que, depuis son retour des colonies, les deux ménages habitent sous le même toit. Les contacts entre les deux femmes, donc entre les deux familles, sont tendus à l'extrême. L'éducation des enfants est le centre des discussions. La mère considère, par exemple, qu'elle ne doit pas brusquer Ina au sujet de ses angoisses (dont nous parlerons plus longuement par ailleurs); la grand-mère estime par contre, qu'Ina simule et parvient ainsi à se faire gâter inconsidérément. La mère ne sait pas très bien quelle attitude adopter devant cette situation conflictuelle, elle oscille entre les deux extrêmes. Elle aide tantôt Ina, tantôt la réprimande pour avoir la paix avec la grand-mère. Cette dernière critique régulièrement les méthodes éducatives de sa belle-fille, mais gâte le plus jeune, qu'elle considère «comme la prunelle de ses yeux». Cette attitude éveille la jalousie des autres enfants, surtout celle d'Ina qui en souffre le plus. Ina a un attachement maladif à sa mère, ce qui détériore ses relations avec les enfants de son âge; «quand une petite amie ne veut plus jouer avec elle, elle en est toute bouleversée».

Scolarité

Ina fréquenta l'école gardienne pendant trois ans. Ceci ne provoqua aucune difficulté. L'école primaire fut interrompue par le séjour en Hollande. Pendant ce séjour, Ina fréquenta le même établissement qu'à présent. Son institutrice considère qu'Ina jouit de capacités intellectuelles normales, mais elle rêve aux cours et commet beaucoup de fautes d'inattention. Elle présente moins d'intérêt pour les cours que lors du premier séjour. Il lui arrive même de pleurer en silence, «parce qu'elle désire tant son papa».

Comportement à domicile

Ina fut toujours une petite fille gentille et douce. Les parents accueillirent ce premier enfant avec beaucoup de joie. Ils essayèrent, nous dit la mère, d'en faire une petite fille modèle, sans tenir compte de sa personnalité. Elle reçut donc une éducation assez normative où on lui laissa assez peu de possibilités d'expression. C'est en raison de cette ligne de conduite adoptée par la mère qu'elle fréquenta l'école gardienne dès l'âge de trois ans.

Santé

L'examen médical ne révèle rien de particulier. A part les maladies infantiles, Ina n'a jamais eu à souffrir de maladies ou de déficiences physiques quelconques.

Autres caractéristiques

Cette anamnèse très minutieuse (ce qui est déjà significatif en soi) nous est fournie par la mère, qui se trouve émotionnellement impliquée dans le problème de sa fille. Elle agit comme si elle devait protéger Ina, elle ne se sent pas libre et éprouve des sentiments de culpabilité pour d'éventuelles erreurs éducatives. Elle insiste à maintes reprises sur le fait qu'elle voudrait tant être une bonne camarade pour ses enfants. C'est pourquoi elle veut s'en occuper personnellement. Elle ne sort pas beaucoup et place ses enfants par-dessus tout.

Motifs de la consultation

Depuis quelque temps, Ina se plaint beaucoup de maux de ventre. Le médecin de famille ne trouve rien et conseille une consultation chez un psychologue. De plus, depuis quelques mois, Ina fait des cauchemars la nuit et est constamment de mauvaise humeur. Elle se lève plusieurs fois par nuit parce qu'elle a fait un cauchemar — et il est très difficile de la décider à retourner dans son lit. En outre, elle est très souvent grincheuse et comme absente, même à la maison. La mère constate une nervosité et une inhibition accrues. Elle a perdu l'appétit.

Ina s'endort très tard, rêve beaucoup, a peur et se réveille en sursaut. Avant de s'endormir, elle suce son pouce et se masturbe de temps à autre.

La mère est surtout troublée par le fait qu'Ina l'épie anxieusement depuis qu'elle l'a vue pleurer après une algarade avec la grand-mère.

Remarque

Contrairement aux autres cas, nous n'avons pas procédé à un examen psychologique préalable. Nous avons eu tout de suite l'impression qu'il s'agissait dans ce cas d'un phénomène d'induction et que le problème se localisait dans les relations immatures de la mère plutôt que chez l'enfant. Nous sommes donc passée tout de suite à la phase active du traitement. Celui-ci fut interrompu par des entretiens réguliers avec la mère. L'observation du comportement d'Ina dans la salle de jeu vint confirmer notre hypothèse : A savoir que les conflits dans l'entourage immédiat étaient à l'origine du comportement perturbé d'Ina et de la chute des résultats scolaires. Nous entreprenons donc conjointement l'observation d'Ina et une thérapie régulière de la mère. Aux cours de ces entretiens, la mère manifeste une forte «catharsis» en ce qui concerne les tensions intérieures à la cellule familiale. Ina produit très vite un jeu significatif.

Il nous faut souligner la très nette tendance à l'identification — nous devrions peut-être l'appeler «participation mystique» — entre cette femme très émotionnelle et sa fille réagissant comme une antenne.

1ᵉ heure :

Très hésitante, Ina inspecte la salle de jeu et le matériel. Elle est peu productive. C'est une petite fille gentille mais qui fait pitié. Elle donne une impression de solitude (malgré l'intention de la mère d'être une camarade pour ses enfants). C'est à juste titre qu'on pourrait lui appliquer l'expression «une vieille âme dans un corps d'enfant». Elle semble, en outre, être très impressionnable et avoir une faible tolérance à la frustration. La Hollande, «c'est bien, car on y trouve au moins de la neige».

2ᵉ heure :

Elle veut jouer aux marionnettes : «Pierrot-le-fou» (Pour ceci elle emploie des personnages dignes, tels que professeurs ou pasteurs).

«Le jeu va commencer».

1. Le Roi se bat avec le diable, le roi gagne, éjecte le diable et va ensuite danser avec la reine-princesse; «Voilà nous en sommes débarrassés, nous sommes contents!» (Symbolique : Le mal est éliminé.)

2. Catherine et Jean Klaas se chamaillent. Jean ordonne à Catherine de faire la cuisine, mais elle préfère nettoyer. Donc Jean aussi nettoiera, mais il ne sait pas comment fonctionnent les robinets et tout est inondé. Il appelle désespérément Catherine à l'aide, et celle-ci le traite d'idiot et le met carrément à la porte en l'injuriant (Symbolique : La figure maternelle domine et respecte trop peu la figure paternelle.)

3. Ce jeu s'intitule : «Boris-le-vaurien et la police».

Boris-le-vaurien vole une peinture, est arrêté et mis en prison par la police. Le «fantôme» et le «diable» appartiennent eux aussi à la bande de Boris, ils l'accompagnent donc derrière les barreaux et reçoivent tous «du mauvais manger» (Symbolique : Le mal doit être puni.)

Après ces jeux, l'heure est pratiquement passée. Finalement Ina va lancer quelques fléchettes, d'abord sur des tableaux de chiffres ensuite sur les figurines humaines qu'elle aborde une à une très prudemment.

Comparée à la première séance, cette heure fut beaucoup plus productive.

3ᵉ heure :

Ina veut dessiner. C'est un dessin très fin et faiblement appuyé, les couleurs choisies sont cependant très vives. Elle représente une demi-maison, entourée d'un arbre squelettique et d'un champignon. Le soleil luit sous une couverture de nuages. «La prochaine fois je peindrai comme les enfants à l'école», dit-elle. «Ils font ça comme ça, c'est à dire sans dessin au crayon».

A la fin de l'heure, ses frères et la petite sœur viennent voir la salle de jeu. C'est elle qui le leur a demandé et elle les domine un peu.

4ᵉ heure :

«Maintenant, je veux faire des petits jeux avec toi : Domino et jeu du poisson.» Pendant ces jeux son entrain et sa gaîté me semblent un peu forcés. Elle me joue sans cesse de petites farces et me prend pour une folle, ce qui éveille un sentiment de culpabilité et de la crainte.

Je lui raconte ensuite que, lorsque j'étais enfant, il m'arrivait à moi aussi d'avoir peur de temps en temps.

Elle me répond : «Oui, mais en Indonésie vous auriez eu très peur, car là, les extrémistes volent des chaises et des habits dans la «Waranda» et alors, vous entendez des bruits lugubres, et vous auriez dû dormir dans une autre chambre que la vôtre parce que sinon, on vous aurait emmenée. Ici, en Hollande, on est en sûreté, mais mon papa ne l'est pas, et j'ai toujours peur qu'on lui fasse quelque chose. Mais maman dit : Dieu et son ange sont près de lui et le gardent.»

Je lui dis alors qu'ensemble nous pourrions jouer à faire du mal aux extrémistes. Elle hoche la tête en hésitant, mais ne poursuit pas.

Ensuite, elle veut peindre. Moi : «Des extrémistes?» Elle : «Non, une fleur.»

Elle dessine une toute petite renoncule, très faible.

Au cours des entretiens que nous avons régulièrement ensemble, la mère prend de plus en plus conscience du caractère agressif et infantile de son attitude à l'égard de sa seconde mère. Elle n'a pas eu la vie facile au cours des dernières semaines. La situation entre les deux femmes s'est plutôt aggravée qu'améliorée. La mère comprend cependant que l'une et l'autre chose sont la conséquence des entretiens et de son processus de maturation qui s'en trouve stimulé. Nous estimons le pronostic assez favorable pour poursuivre dans cette voie. Nous espérons qu'après cette première crise, le tout s'arrangera dans une bonne voie. Cette espérance se réalise partiellement après une période de trois mois. La mère l'exprime de la façon suivante : « C'est comme si je venais seulement de trouver quelqu'un (une mère) qui ne me repousse plus, qui n'est pas jalouse, qui a de bonnes dispositions vis-à-vis de moi. Ses remarques et ses réactions infantiles m'importent de moins en moins. Maintenant, je deviendrai une meilleure mère pour mes enfants, moins égoïste dans mon amour. »

Pendant la période-crise entre la mère et la grand-mère, Ina a traversé une période d'opposition, mais, en général, elle semble plus paisible et plus libre. Elle mange avec plus d'appétit, elle se précipite souvent affamée vers la table dès qu'elle a terminé ses jeux. Le médecin scolaire trouve qu'elle grandit trop vite et ne prend pas assez de poids, il lui a prescrit un tonique.

Son comportement à l'égard des enfants de son âge s'est modifié, elle veut être le leader et les dominer (elle le faisait déjà avec ses frères et sœur) ses amies s'éloignent donc d'elle. La mère me demande si elle ne peut pas y remédier. Nous lui conseillons de laisser aller les choses.

5e heure :

Ina dessine avec les doigts. « C'est un aquarium avec toutes sortes de beaux poissons. » Elle ose donc se libérer dans l'expression, ce qui lui procure visiblement beaucoup de satisfaction.

Elle passe ensuite à un jeu d'anagrammes. Elle forme les mots très rapidement et d'une manière intelligente.

Par la suite, elle établit un jardin zoologique : « Les animaux sauvages doivent aller à part. »

Elle passe à la maison de poupées : « Au début, il n'y a qu'un papa, un bébé et une petite fille. Le bébé est couché dans la voiture. Plus tard apparaissent une bonne-maman et un enfant plus grand. Ceci, c'est maman, et ils sont en train de jouer par terre dans la chambre des enfants.»

6ᵉ heure :

Ina choisit le jeu de «Dis-le moi tout de suite» dans l'armoire. C'est une sorte de gymnastique intellectuelle, avec des questions reprises sur un carton. On tourne un disque où apparaissent différentes lettres. La réponse doit commencer avec la lettre apparue. A la question : «A qui aimerais-tu donner une tripotée?» apparaît la lettre «B». Ina répond tout de suite «Bonne-maman». Elle ajoute «Oh non! Pas bonne-maman, elle est déjà si vieille et elle ne peut tout de même pas y faire grand-chose.» Je lui demande «A quoi ne peut-elle rien faire?» — «Eh bien à ce que je ne peux jamais rien faire et qu'elle parle si durement à ma mère. Mon frère aîné trouve que c'est une pourrie.» — «Oh! moi aussi.» A la fin du jeu, elle peint une prairie avec un grand tournesol, qui semble être un éclatement de la petite renoncule jaune représentée précédemment. En fait, son évolution a suivi exactement la même voie. Elle ne donne plus l'impression d'être la petite fille aînée frustrée, solitaire et pitoyable. A présent, elle rit et parle beaucoup, prend régulièrement des initiatives. Elle ne se fait plus autant de soucis au sujet de son père, mais ses pensées à son égard ne sont quand même pas exemptes de préoccupations. Ce qui est aisément compréhensible et nous retrouvons cette préoccupation dans cette phrase extraite d'une lettre qui lui est adressée :

«Cher papa, tu me manques tellement. A l'école, ça va bien. Je ne trouve plus rien à dire. C'est court, mais je ne trouve plus rien. Comment cela va-t-il avec toi? Bien ou pas bien? Tu dois faire attention. Eh bien, au revoir papa! Au revoir, au revoir, beaucoup de baisers d'Ina.

7ᵉ heure :

C'est l'été, et il fait un temps splendide. Ina enlève ses souliers et ses bas pour prendre un bain de pieds dans le bassin. Elle joue aussi avec de l'eau et du sable. Soudain, elle se dirige vers la maison de poupées. «Maintenant, il va se passer quelque chose d'idiot. Le jeu s'appelle : "Le fantôme dans l'armoire à chapeaux"» :

Voilà, le papa est au lit avec la maman, mais il y a aussi une servante qui est amie avec le fantôme. Mais la police arrive rapidement et attrape le fantôme. Et la servante ne sait plus rien faire, c'est fini!»

« C'était en Indonésie ! » (Ceci signifie peut-être une peur du personnel : la mère lui a notamment dit qu'on ne pouvait plus faire confiance à aucun d'entre eux.)

Ina veut ensuite jouer à la balle.

« Papa revient la semaine prochaine ! » Ina en est toute excitée. La mère a trouvé une maison où la famille pourra s'établir dans le courant de l'arrière-saison.

La mère est très contente de la tournure prise par les événements. Ina est généralement joyeuse et charmante. Elle est moins susceptible : une petite amie qui la taquinait lui dit dernièrement : « Ce que tu peux avoir une figure idiote ! » Ina se mit à rire et répondit : « Eh bien, il doit y avoir des idiots aussi. »

Maintenant Ina ne vient plus que tous les quinze jours. Quand la famille aura déménagé dans sa nouvelle maison, elle ne viendra plus qu'une fois par mois, pour contrôle.

8e heure :

« Nous allons jouer à la balle. » Ina fait du « showing-off » : elle me montre tous les petits tours qu'elle sait faire et où elle peut se sentir la plus forte de nous deux. Elle saisit ensuite la poupée-bébé : « Je vais la dorloter gentiment, et je continuerai à le faire plus tard, peu importe l'âge que j'aurai à ce moment-là. »

Le père est rentré entre-temps et a trouvé qu'Ina était complètement changée. Sa femme aussi s'est modifiée. A l'arrivée de son mari, elle avait consacré beaucoup de soins à sa présentation. Une permanente rajeunissait sa coiffure, et elle portait une petite robe d'été très coquette à la place de la jupe et du chemisier traditionnels (avec les enfants ça ne sert à rien de s'habiller), elle s'était maquillée avec soin. Au cours des derniers entretiens précédant l'arrivée du mari, nous avions accordé une attention particulière aux reproches que lui faisait son mari : « d'être plus mère que femme ». Il y avait un fond de vérité.

9e heure :

Ina est conduite par son père, elle me le présente fièrement : « Et voilà, ça c'est papa ! »

Dans la salle de jeu, on joue avec la poupée. Mais c'est plutôt un jeu de soins : déshabiller, laver, habiller et donner à manger. Le dorlotage et le bichonnage de la fois dernière restent en suspens.

Pour finir, elle modèle un champignon avec de l'argile.

L'école nous apprend qu'Ina fait de grands progrès et se classe à présent parmi les meilleures élèves de sa classe. L'institutrice nous dit : « Il ne reste qu'un point noir : elle parle trop, maintenant. »

10e heure :

Ina passe rapidement d'un jeu à l'autre. On lance des fléchettes, on donne des soins au bébé. « Et maintenant, je vais peindre. Non, barbouiller ! » Toutes les couleurs sont mélangées les unes après les autres, mais elle n'ose pas barbouiller réellement.

11e heure :

« Est-ce que nous ne lancerions pas des fléchettes sur ces extrémistes ? Maintenant ils ne peuvent plus faire de mal à mon père. »

Je lui en dessine quelques-uns, ils sont criblés de fléchettes les uns après les autres. Délivrée, elle s'élance vers la porte : Voilà, ceux-ci n'existent plus ! »

12e heure :

On joue avec les marionnettes : « La petite princesse qui ne voulait pas dormir. » « Parce que, vois-tu, elle trouvait ça tellement pénible et embêtant d'être au lit. » Depuis quelque temps, Ina tâche de rester levée le plus longtemps possible, elle argumente parfois avec : « J'ai peur. »

Cependant, il ne lui arrive plus de sortir du lit et elle s'endort rapidement. « Le père et la mère de la princesse sont sortis, elle est seule. On sonne. C'est d'abord un vaurien, ça devient un voleur, pour finir c'est un monstre. La princesse téléphone à son père (car celui-ci est le plus fort) mais il répond qu'il doit d'abord travailler et qu'ils rentreront ensuite. La princesse semble être satisfaite de cette réponse. Elle retourne au lit. Ses parents rentrent. La mère monte dans la chambre de la princesse qui dit : « Je ne veux pas dormir. » — « Tu dois, tu dois, tu veux quand même devenir une femme grande et forte comme moi ? » — « Oh oui ! Bon alors je me retourne et je dors. »

Je dis à Ina : « Oui, maintenant, elle veut et elle peut dormir, car son père est à la maison et sa mère est devenue une femme, grande et forte. » Réponse : « Oui mais avant, ma mère était souvent embêtante et elle rouspétait sur moi. Mais toutes les mères sont fâchées de temps à autre, car elles doivent encore apprendre ! » Ce que j'approuve.

Dans la remise des conclusions finales, nous indiquons qu'il n'est pas recommandé de laisser Ina seule le soir. Par ailleurs, il faut la rendre plus indépendante possible. La mère doit essayer de se séparer d'Ina. Si Ina veut trop commander les autres enfants, il faut le lui faire remarquer et la réprimander.

Il se peut qu'Ina use de ses bonnes prestations scolaires pour surcompenser.

Conclusions

Ina est une enfant sensible, fortement influencée par le climat familial. Elle avait besoin d'un appui, mais personne n'était capable de remplir cette fonction dans l'entourage. Il en résulta un sentiment d'insécurité.

1. Le père était à l'étranger, dans un pays dangereux. Le souvenir qu'elle en gardait ne pouvait jouer un rôle sécurisant, car il était terni par les discussions fréquentes entre les époux.

2. La mère attisait son inquiétude, exigeait plus de soutien qu'elle n'en donnait. Elle établit ainsi une relation étroite avec sa fille et Ina devint en quelque sorte le catalyseur des soucis et des chagrins de sa mère.

3. La grand-mère constituait une influence négative. Elle rompait la relation et s'insérait entre Ina et sa mère. Elle éveillait en outre, un sentiment de frustration en favorisant les autres enfants.

4. Le grand-père était « absent », en ce sens qu'il était toujours au bureau et ne se mêlait jamais de ce qui se passait à la maison.

Les angoisses d'Ina, qui remontent à la période trouble de son séjour en Indonésie, ne se manifestèrent, comme c'est souvent le cas, qu'une fois le danger écarté. La mère n'ose pas prendre position en faveur de sa fille contre sa belle-mère, et elle préféra l'abandonner à ses problèmes.

Au cours de la thérapie, la mère prit lentement conscience de son attitude infantile, acquit de la maturité et perdit sa dépendance à l'égard de ses propres parents. Cette maturité lui permit d'être une meilleure partenaire pour son mari. La consolidation et la libération de son Moi lui permet, à présent, de mieux éduquer ses enfants (moins en tant que mère-animale et plus en tant qu'éducatrice-responsable), de devenir réellement pour eux la camarade qu'elle avait souhaité être. La grand-mère sentit inconsciemment que l'attitude qu'elle avait adoptée vis-à-vis de sa fille immature n'était plus de mise et reconnut tacitement sa supériorité.

Pour ce qui est d'Ina, l'observation dans la salle de jeu évolua en un traitement qui lui permit de s'exprimer et d'abréagir. Son jeu nous montre combien elle ressentait intensément les états d'âme de sa mère. L'interaction réciproque de sa problématique avec celle de sa mère freinait naturellement sa croissance intellectuelle et provoquait sa nervosité.

Les examens de contrôle ultérieurs nous permirent de constater une évolution favorable. Les relations harmonieuses entre les parents en étaient la condition.

La collaboration inconditionnelle de la mère nous permit d'atteindre rapidement un résultat favorable dans le traitement de ce cas. La mère elle-même, grâce à une excellente intuition et de bonnes capacités intellectuelles, se trouvait aux avant-portes de la réalisation de soi. Il ne lui manquait qu'une main secourable pour l'aider à franchir ce pas décisif.

La cohabitation temporaire de la mère avec ses parents fut bénéfique car elle réactualisa les anciennes insatisfactions. La mère liquida sa jalousie vis-à-vis de la seconde épouse de son père et elle eut avec lui une relation plus réelle, moins idéalisée.

Bibliographie

Aichhorn, A., *Verwahrloste*, Bern, 1951.
Alexander, F., *Psychoanalysis and psychotherapy*, London, 1957.
Allen, F., *Psychotherapy with children*, London, 1947.
Axline, V., *Playtherapy*, Chicago, 1947.
Baruch, D., *Een kleine jongen*, Amsterdam, 1958.
Bender, L., *Child psychiatric techniques*, Illinois, 1952.
Benjamin, Z., *Lehrbuch der Psychopathologie des Kindesalters*, Zürich, 1938.
Bowlby, J., *Maternal care and mental health*, Genève, 1952.
Bülher, Ch., *Kindheit und Jugend*, Leipzig, 1928.
Carp, E.A.D., Amsterdam, 1939.
Devereux, G., *Therapeutic education*, New York, 1956.
Deutsch, H., *The psychology of women*, London, 1946.
Dürssen, A.M., *Psychogene Erkrankungen bei Kinder und Jugendlichen*, Göttingen, 1955.
Freud, A., *Einführung in die Technik der Kinderanalyse*, London, 1958.
—, *Das Ich und die Abwehrmechanismen*, London, 1952.
—, *Einführung in die Psychoanalyse für Pädagogen*, Berlin, 1956.
Freud, S., *Gesammelte Werke*, London, 1952.
Friedlander, K., *The psychoanalytical approach to juvenile delinquency*, London, 1947.
Gessell, A., *The first five years of live*, London, 1954.
—, *The child from five to ten*, London, 1946.
—, *Studies in child-development*, New York, 1948.
Graber, G.H., *Seelenspiegel des Kindes*, Zürich, 1946.
Hanselmann, H., *Einführung in die Heilpädagogik*, Zürich, 1930.
—, *Sorgenkinder*, Zürich, 1954.
Hart de Ruyter, Th., *Inleiding tot de kinder psychologie*, Groningen, 1952.

Healy, W. and Bronner, A., *New lights on delinquency*, New Haven, 1950.
Homburger, A., *Vorlesungen über Psychopathologie des Kindesalters*, Berlin, 1926.
Illingworth, R.S., *The normal child*, London, 1953.
Jackson, L., *Agression and its interpretation*, London, 1954.
Jackson, L. and Todd, K.M., *Childtreatment and the therapy of play*, London, 1948.
Jung, C.G., *Wirklichkeit der Seele*, Zürich, 1934.
—, *Psychologische Betrachtungen*, Zürich, 1945.
—, *Die Beziehungen zwischen dem Ich und dem Unbewussten*, Zürich, 1945.
Kamp, L.N.J., *Speldiagnostiek*, Utrecht, 1946.
Kanner, L., *Childpsychiatry*, Sprinfield, 1955.
Klein, M., *The psychoanalysis of children*, London, 1950. *Didaktische Prinzipen und Regeln*, Berlin, 1961.
Krevelen, V.D.A., *Nederlands leerboek der speciale kinderpsychiatrie I*, Leiden, 1952.
Koekebakker, J., *Kinderen onder toezicht*, Purmerend, 1947.
Löwenfeld, M., *Play in childhood*, London, 1935.
Mead, M. and Wolfenstein, M., *Childhood in contemporary cultures*, Chicago, 1954.
Meurs, V.A.F.W., *Lichaamsbouw en aanpassingsmogelijkheden bij kinderen*, Leiden, 1956.
Moustakas, C.E., *Children in playtherapy*, New York, 1953.
Piaget, J., *Le jugement moral chez l'enfant*, Paris, 1932.
Rambert, M., *La vie affective et morale de l'enfant*, Paris, 1949.
Rogers, C.A., *The clinical treatment of the problemchild*, New York, 1939.
Saatmann, L., *L'enfant difficile guérit par le jeu*, Avignon, 1955.
Scheltema, Stades, O., *Das Stehlen bei Kindern und Jugendlichen*, Amsterdam, 1949.
Steketee, H.T., *Enkele belangrijke richtingen in de speltherapie*, (Feestbundel Prof. Dr J. Waterink), Amsterdam, 1951.
Stern, W., *Psychologie der frühen Kindheit*, Leipzig, 1930.
Tausch, R., and A.M., *Kinderpsychotherapie in nichtdirektivem Verfahren*, Göttingen, 1956.
Tibout, P.H.C., *Kinderen met afwijkind gedrag*, Purmerend, 1948.
Tramer, M., *Lehrbuch der allgemeinen Kinderpsychiatrie*, Basel, 1949.
Valentine, C.W., *The psychology of early childhood*, London, 1950.
—, *The difficult child and the problem of discipline*, London, 1941.
Vermeer, E.A.A., *Spel en spelpedagogische problemen*, Utrecht, 1955.
Veth, J., *Spelanalyse*, Leiden, 1936.
Waterink, J., *Ons zielenleven*, Wageningen, 1935.
—, *Puberteit*, Wageningen, 1941.
—, *Het neurotische king*, Broch Rotterdam, 1950.
—, *Principe en gezag in de hedendaagse psychologie en pedagogiek*, Afscheidscollege, Wageningen, 1961.
Wickes, Fr., *The inner world of childhood*, New York, 1927.
Wijngaarden, H., *Problemen der volwassenheid*, Utrecht, 1950.
Wit, J. De, *Problemen rond de moeder-kind relatie*, Amsterdam, 1962.
Zulliger, H., *Schwierige Kinder*, Bern, 1951.
—, *Heilende Kräfte im kindlichen Spiel*, Stuttgart, 1954.
—, *Bausteine zur Kinderpsychotherapie und Kindertiefenpsychologie*, Bern, 1957.

Table des matières

Avant-propos 5

Introduction 7

Chapitre 1
Considérations générales 11

1. À qui s'adresse le traitement par le jeu ? 11
2. Les différents stades du développement de la névrose infantile 13
3. Les différentes formes de traitement possibles 14
4. Les différentes manifestations de la névrose infantile 17

Chapitre 2
Application du traitement 27

1. La salle de jeu et son équipement 27
2. Le jeu névrotique 30
3. La méthode de traitement 35
4. Les différentes phases du traitement 48
5. La préparation du traitement 51

6. L'anamnèse. La collaboration avec les parents. Le pronostic 53

7. L'enfant fait connaissance avec la salle de jeu 61

8. Différences entre le traitement d'enfants et le traitement d'adultes 63

9. Comparaison du traitement d'enfants en internat et au sein de sa famille ... 66

10. Régression et agression au cours du traitement 68

11. Début, durée et rythme du traitement 72

Chapitre 3
Quelques problèmes pratiques 73

1. La collaboration avec l'école 73

2. La thérapie suggestive 75

3. La thérapie des adolescents 76

4. Le traitement d'enfants adoptifs 78

Chapitre 4
Analyse de cas 83

Introduction 83

Cas I : Marianne 86

Cas II : Wim 93

Cas III : Gérard 100

Cas IV : Dolf 113

Cas V : Ina 122

Bibliographie 133